너의 꿈에는
한계가 없다

KB192135

최고의 멘토들이 전하는 직업 이야기

너의 꿈에는
한계가 없다

| 이영남 지음 |

민음인

차례

인생을 각도기에 비유하면 젊은 시절은 각도기의 중심에 위치한다. 각도기 중심 부근에서 각을 1도만 움직여도 목표 지점은 완전히 어긋나 버린다. 같은 1도라도 중심이 가까운 곳에서는 쉽게 이동할 수 있지만 중심에서 멀어지면 옮기기가 어렵다. 1년이 지나고 10년, 20년이 지난 어느 순간에는 1도를 움직이는 것이 불가능한 시점이 온다.

젊은 시절은 인생 전체를 결정지을 수 있는 무수한 '선택'의 갈림길에 놓여 있는 시점이다. 스포츠 경기와 청춘의 공통점은 '불확실하다'는 것이다. 그렇기 때문에 설레고 기대된다. 게다가 어려운 상황에서 넣은 골이라면 더욱 빛난다.

인생에서 '선택'할 수 있다는 것은 젊음이 갖는 특권이다. 하지만 선택은 고통스럽기도 하다. 한 번도 가 보지 않은 길을 선택해야 하고, 뒤늦게 아니라고 생각해도 되돌아오기 힘들다는 것을 알기에 더욱 망설여진다.

'평생 어떤 일을 하며 살 것인가'라는 직업 선택의 문제 앞에서는 모범생이 때론 열등생이 되기도 한다. 외국어 고등학교에 다니며 공부를 곧잘 했던 동생과 조카가 정작 고 3이 돼 진로를 결정해야 하는 중요한 시점이 되자, 똑같이 방황하는 것을 보면서 나는 마음이 답답해졌다. 동생은 피디가 되겠다고 큰소리쳤지만 정작 피디에 대해서 잘 알고 있어서라기보다는 막연한 환상을 품고 있는 듯했다. 조카의 경우에는 더 실망스러워서, 우등생이었던 조카는 수능 시험을 망친 뒤에는 되고 싶은 게 아무것도 없다며 진학할 대학을 찾는 데 소극적이었다.

자신이 평생 해야 할 일에 대해 공부하는 것은 영어 단어 하나 외우고 수학 문제 하나를 푸는 것보다 훨씬 더 중요하다. 하지만 실제로 학생들이 처한 상황은 그렇지 못하다. 뒤늦게 진로 선택을 놓고 갈팡질팡하는 수많은 동생과 조카들을 위해 이 책을 집필했다. 나는 한때 고등학교에서 교편을 잡기도 했고 15년 동안 기자로 일하며 여러 직업을 가진 사람들을 만나기도 했기에, 나의 경험을 활용해 학생들에게 실질적인 도움을 줄 수 있는 진로 지침서를 써야겠다고 생각했다.

우리가 옷을 살 때 가장 먼저 고려하는 것은 무엇일까? 최신 유행, 가격, 디자인, 색깔, 옷감, 브랜드 등 여러 가지 기준이 있을 것이다. 하지만 내가 보기에 옷을 고를 때 첫 번째 기준은 '나에게 어울리는 옷인가' 하는 것이다. 직업 선택에서도 마찬가지다. 무엇보다 나에게 잘 맞는가 하는 고민을 먼저 해야 할 것이다.

어른들은 끊임없이 학생들에게 장래 희망을 묻고 꿈을 가지라고도 말한다. 하지만 학생들은 꿈의 영역을 잘 모른다. 수학을 전공하면 교사와 교수가 되는 진로가 있다는 정도이다. 하지만 세계 금융 시장의 중심지인 월스트리트에는 수천 명의 수학자가 있다. 우주 공학의 산실인 나사에도 수학자 출신이 셀 수 없이 많다. 수학을 전공했다고 해서 순수 학문의 길을 가는 학자보다는 증권이나 통계, 우주 공학 등에서 연구하는 응용 수학자들이 더 많다.

직업의 종류도 다양하다. 오늘날 직업의 종류는 1만 2360가지(『한국직업사전』, 한국고용정보원, 2008)나 된다. 도대체 그 많은 직업을 어떻게, 어디서부터 소개할까?

집필에 앞서 먼저 고등학교 2학년 학생 235명을 설문 조사했다. 학생들이 '되고 싶은 직업'은 70개가 넘고, '관심 있는 직업'은 100개가 넘었다. 이 가운데 예술인처럼 특별한 재능이 중요해 일반화하기 힘든 직종, 교사처럼 학생들이 잘 아는 직종은 제외하고 학생들이 관심을 가진 직업들 중 장래성이 높은 직업을 찾았다. 최종적으로 열여섯 개 직업을 선택해 각 분야에서 성공한 인물들을 인터뷰했다.

전기 작가처럼 직업을 매개로 각 인생의 전체적인 삶을 통찰하려고 노력했다. 각 분야에서 최고라 할 만한 사람들을 만나 무슨 일을 하는지, 자신의 자리에서 성공할 수 있었던 비결은 무엇인지 들을 수 있었다. 무엇보다 학생들이 알고 싶어 하는 부분을 '정말 현실적으로' 쓰고자 노력했다. 어떤 일을 하는지, 연봉이 얼마인지, 장래성은 어떤지, 흥미가 있는지, 장점과 단점은 무엇인지, 어떻게 될 수 있는지 담았다. 더불어 공식적

자료와 전문가의 평가를 덧붙여 해당 직업에 대해 입체적으로 보여 주고자 노력했다.

　진로 선택을 앞둔 사람들을 가장 힘들게 하고 불안하게 하는 건 자기가 무엇을 해야 할지, 어떤 꿈을 가져야 할지 모른다는 사실이다. 직업을 선택하는 가장 좋은 방법은 원하는 직업을 체험해 보고 그 직업에 종사하고 있는 사람들을 직접 만나 보는 것이다.

　회한은 자신이 살고 싶은 대로 살지 못할 때 생긴다. 남들에게는 보잘것없어 보이는 삶이라도 자신이 선택한 것이라면 만족감이 높다. 인생에서 가장 큰 불행은 자신이 무엇을 좋아하는지 발견하지 못하는 것이고, 두 번째로 큰 불행은 '그 무엇'을 너무 늦게 발견하는 것이다.

　진로 선택을 앞두고 있는 많은 이들이 이 책에 등장하는 주인공들의 이야기를 통해 찬란한 미래라는 보석을 가다듬을 수 있기를 바란다.

2011년

평생 배우려는 이영남

도서관에서 노숙하던 유학생에서
세계적인 의사가 되기까지

외과 의사 이승규

1949년 부산에서 태어나 서울대학교 의예과를 졸업했다. 서울대학교 의학 박사를 거쳐 1989년부터 서울 아산 병원 외과 교수로 재직 중이다. 1992년 국내에서 세 번째로 뇌사자의 간 이식에 성공했고, 1994년에는 국내 최초로 '살아 있는 기증자의 간 이식'에 성공했다. 1998년 세계 최초 '살아 있는 기증자의 오른쪽 간 이식' 성공 등의 기록을 가지고 있다. 2000년 세계 최초로 '기증자 두 명의 간을 한 명의 환자에게 이식'하는 데 성공, 2006년 세계 최초 성인 생체 간 이식 1000건 달성 등 간 이식 분야에서 세계적 권위를 가진 명의다. 저서로 『외과 의사 이승규』가 있다.

뭔가를 이루게 해 주는 것은 꼭 이렇게 돼야겠다는

자신의 '열정과 노력'이 반, '눈에 보이지 않는 도움'이 반입니다.

열심히 노력하면 주변에서도 도와주니까 자신이 먼저 열심히 해야죠.

— 외과 의사 이승규

의사는 사람의 생명을 다룬다는 점에서 그 중요성과 가치를 비교할 수 없는 직업이다. 과학자는 한 가지 실험만 성공해도 뛰어난 과학자가 될 수 있지만, 의사는 한 명이 아니라 모든 환자들을 치료할 수 있어야 '명의'로 불린다. 마치 명장으로 불리는 고급 기술자가 끊임없이 기술을 연마하고 작은 결함도 용납하지 않는 것과 비슷하다.

한 사람의 목숨을 좌지우지할 수 있는 의사들은 아흔아홉 번을 성공하고 한 번 실패하더라도 그 한 번의 실패를 문제 삼는다.

1987년 이른 새벽 미국 보스턴 디코니스 병원의 도서관 앞. 평소보다 빨리 출근한 사서 할머니는 도서관 문을 열려다 깜짝 놀랐다. 흰 가운을 입은 동양계 남자가 도서관 앞 복도에서 담요도 없이 웅크리고 앉아 졸고 있는 것이 아닌가. 가끔씩 도서관을 방문해 낯이 익은 이 남자는 의아해하는 사서에게 자초지종을 설명해야 했다.

"저는 이 병원에서 장기 연수를 받고 있는 의사인데 간 이식 수술이 밤에만 이뤄져 수술을 참관하고 나면 이곳에서 새벽이 될 때까지 시간을 보내곤 합니다. 미국 의사 면허가 없어 병원 당직실은 이용할 수 없고 집이 멀어 막차가 끊어져 다른 방법이 없어서요."

할머니 사서는 다음부터는 그가 저녁 무렵 도서관 주위를 서성이면 문을 열어 놓고 퇴근했다. 일주일에 두 번 노숙자와 다를 것이 없었던 복도의 잠자리는 도서관 안 책상으로 격상됐다.

체격이 좋아 한국에서는 밥 다섯 그릇도 해치웠던 이 의사는 물가가 비싼 보스턴에서는 1달러짜리 길거리 핫도그와 콜라로 점심을 때운다. 한국 최고의 명문 의대를 졸업해 대학 병원의 외과 교수이던 만 38세의 이 의사는 오직 한 가지 생각으로 1년 동안 반노숙자처럼 생활하며 미국 연수를 버틴다.

"한국에 돌아가면 반드시 간 이식 수술을 하겠다."

미국 연수를 마치자 그는 곧바로 일본으로 날아간다. 도쿄 암 센터에서 자비를 들여 추가 연수를 받기 위해서다.

"일본의 간암 권위자의 수술을 처음 본 순간 너무나 섬세하고 아름다워 숨이 막혔어요. 수술이 있는 날이면 수술자의 바로 뒷자리를 차지했습니다. 배우려는 사람들이 많아 늦게 가면 자리를 잡고 설 수도 없었기 때문에 저는 늘 이른 아침에 도착해 그 자리를 확보했습니다. 기다리는 시간이 열 시간이 넘게 걸릴 때도 있었는데 화장실도 안 가고 버티자 지독하다고 소문이 났지만 상관없었어요. 간암의 유형은 동서양이 달라 우리와 비슷한 일본의 사례를 확인하러 간 것인데 다행히 미국에서 10년 넘게 있어도 보지 못했을 기술들을 두 달 만에 모두 볼 수 있었죠. 하나도 놓치지 않고 메모한 기록들은 한참 동안 제 교본이 됐어요.″(―『외과 의사 이승규』 허원미디어, 2009에서 인용.)

지독한 이 한국인 의사는 꼭 10년 만에 '세계 최고 칼잡이'로 등극했고 간 이식 분야에서 '세계 최초 성공' 기록을 줄줄이 만들며 세계 간 이식 역사를 새로 쓰고 있다. 그가 연수를 갔던 선진국 병원의 의사들은 이제 그에게 한 수 지도를 요청해 온다.

2008년 12월 미국 ABC 방송은 '한국의 드림팀'이라는 제목으로 뉴스를 보도했다.

"아침 7시 한국의 서울 아산 병원. 이 외과 의사들은 전날 열여섯 시간 동안의 수술 후에도 여전히 수술을 하고 있습니다. 지난해 이 병원의 간 이식 수술 팀은 320건의 수술을 함으로써 한 해 세계 최다 수술 기록을 세웠습니다. 거의 하루에 한 번꼴로 수술한 것입니다. 더 놀랍게도 수술 성공률은 95퍼센트로 세계에서 가장 높습니다."

처량하게 보인 동양의 한 연수생 의사에게 밤 시간 도서관을 빌려 준 보스턴 병원의 사서 할머니가 텔레비전에서 수술을 지휘하고 당당히 인터뷰하는 그를 봤다면 어떤 표정을 지었을까?

울산대학교 의대 교수이자 서울 아산 병원 간 이식과 간담도 외과 과장인 이승규 교수의 이야기다. 만약 간 이식 수술에도 올림픽 같은 세계 대회가 있다면 그는 최소한 세 개의 신기록을 세우고 10연승을 달성한 주인공이다.

서울 아산 병원에 있는 이승규 교수의 연구실을 찾아갔을 때 그는 이제 막 수술을 집도한 직후였다. 녹색 수술복 위에 흰색 가운을 걸치고 있었는데 대충 빗은 반백의 머리, 두툼한 안경, 180센티미터의 훤칠한 키와 커다란 손이 눈에 들어왔다. 일에만 몰두하고 외모에 무관심한 듯한 첫인상이 '신뢰감'을 줬는데 이 신뢰감은 두 시간의 인터뷰 뒤 '경외감'으로 바뀌었다.

그는 인터뷰 내내 겸손함을 유지하며 "특별히 내세울 것은 없고 제가 이룬 것은 주위의 도움 덕분입니다."라는 말을 반복했다. 젊은이들을 위해 열정과 노력을 전수해 달라며 거듭 부탁해 '내세울 것이 없다.'는 이야기를 들을 수 있었다.

첫 번째 수술 환자를 눈물로 보내고 다시 일어서다

이승규 교수가 처음 간 이식 수술에 성공한 것은 1992년이다. 뇌사자의 간을 적출해 간암 환자에게 이식하는 수술은 아침 9시에 시작돼 다음 날 새벽 6시쯤 끝이 났다. 스무 시간 동안 수술을 마치고 수술실을 나서자 동트는 한강이 보였다.

"의사들은 직감이 있어요. '아, 이 수술은 성공이구나, 정말 잘됐다.' 병원에서 한강을 내려다보면서 '해냈구나.' 하는 뿌듯함이 있었죠. 수술에 성공했다는 느낌인데 그 환자분은 장기 생존을 하셨습니다.

하지만 일주일 전에 수술을 받은 또 다른 환자는 한동안 병세가 호전되는가 싶더니 두 달 뒤 패혈증으로 끝내 회복되지 못하셨어요. 그날 집으로 돌아가 아내의 무릎에 얼굴을 묻고 소리 내어 울었어요. 최선을 다했는데도 환자를 보내야 했다는 사실에 너무나 마음이 아팠습니다. 저에게는 두 번째 수술이 첫 성공인 셈인데 그 수술마저 성공하지 못했다면 간 이식 수술을 그만뒀을지도 모르겠어요."

하지만 첫 번째 실패는 그에게 승부 의식을 심어 주었다.

"두 번 다시 실패하지 말자, 안 되면 다른 방법을 찾자. 그렇게 실패를 겪으며 더욱 공격적으로 바뀐 것 같아요."

이승규 교수는 뇌사자의 간 이식 수술을 국내에서 세 번째로 성공한 의사이다. 이후 그가 집도한 간 이식 수술은 현재까지 누적 횟수가 2,540건으로 세계에서 가장 많다. 더욱 중요한 수술 성공율은 95퍼센트로 선진국의 명문 간 이식 센터보다 10퍼센트가량 높다.

이처럼 세계 최고 수준의 명의가 될 수 있었던 비결이 궁금해졌다.

"젊은 의사들은 제가 선진국에서 특별한 비법을 배워 온 줄 아는데 비법은 없습니다. 남들이 한 시간 일할 때 두 시간 일하고, 두 시간 잠잘 때 한 시간 잠자는 거죠. 수술 전에 두 번 세 번 확인하고, 수술할 때는 최선을 다하고, 실패하면 해법을 찾을 때까지 노력합니다."

95퍼센트의 수술 성공률은 다른 말로 하면 5퍼센트의 실패율을 뜻한다. 그는 목숨을 잃은 5퍼센트의 환자에게 더 큰 관심을 갖는다.

"제가 좀 끈질긴 면이 있어요. 실패한 다음에는 왜 실패했는가, 다시 한 번 생각해 보고 실패를 극복할 수 있는 방법이 무엇인가 생각하죠.

제가 시도한 방법들은 올림픽 경기 같은 기록 경신이 아닙니다. 그때그때 환자를 살려 내기 위한 절박감에서 나오는 생명을 건 도전입니다. '세계 최초'라는 수술은 다른 방법이 없을 때 성공하기 위해 방법을 고민하면서 나온 결과물일 뿐입니다."

한국은 뇌사자의 장기 기증을 꺼리는 나라다. 1994년 그가 '살아 있는 기증자의 간 일부를 환자에게 이식하는 수술(생체 간 이식)'을 한국에서 처음 성공한 것도 이런 여건을 극복하기 위한 시도였다. 뇌사자가 기증하는 간이 없으니 살아 있는 기증자로부터 간을 이식해서라도 환자를 살려야 한다는 절박감에서 새로운 시술을 시도했던 것이다.

이승규 교수는 기증자가 이식해 줄 수 있는 간의 크기가 작을 경우에 '기증자 두 명이 한 명의 환자에게 간을 일부씩 기증해 주는 방법'을 처음 시도하기도 했는데 이는 이제 세계적으로 통용되는 의술이 됐다.

"새로운 기술을 시도해 성공하고 나면 조금만 더 일찍 시도했더라면 더 많은 환자를 구했을 텐데 하는 생각이 먼저 듭니다. 우리에게는 한 번의 실수도 허용되지 않습니다. 매번 최선을 다하는 수밖에 없죠."

여러 선수가 함께 뛰는 운동 경기에서 철저한 팀워크가 없이는 승리할 수 없듯이 외과 수술도 팀워크가 중요하다. 이승규 교수는 첫 번째 간 이식 수술에 앞서 팀 훈련에 몰두했다. 1991년부터 1년 동안 매주 토요일 오후에는 스태프들과 동물 실험을 했다. 자신이 미국과 일본에서 눈으로 익힌 간 이식 수술을 연습하면서, 동료 전공의와 간호사들도 수술에 익숙해지도록 훈련시켰다. 실험에 쓰인 개는 100마리였는데 처음

두 달 동안 수술 받은 개들의 생존율은 제로였다. 하지만 시행착오를 거치면서 하나둘씩 문제점을 해결해 갔고 1년 뒤 생존율을 70퍼센트로 높일 수 있었다. 또 전공의와 간호사들이 함께 간 이식 수술 명문인 독일로 연수를 다녀오기도 했다. 이처럼 혹독한 준비 과정을 거쳐 이승규 교수 팀은 수술실에서 눈빛만 보고도 의사소통할 수 있을 정도가 됐고 수술 성공률을 높일 수 있었다.

세계 간 이식 학회는 어느 순간부터 이승규라는 이름을 주목하기 시작했다. 심지어 생체 간 이식의 창시자인 독일 브롤시 박사로부터 한 수 지도해 달라는 요청을 받고 이승규 교수는 자신이 세계 최초로 성공한 '살아 있는 기증자의 오른쪽 간을 이식하는 수술'을 시범 전수하기도 했다. (이전까지는 살아 있는 기증자의 오른쪽 간을 이식한 뒤 생기는 후유증을 막는 방법을 찾지 못해 왼쪽 간을 이식하는 수술만 시행되었다. 간의 크기는 오른쪽과 왼쪽이 통상 6대 4로 왼쪽 간이 더 작다. 살아 있는 기증자의 간 이식은 부작용이 적은 크기가 작은 왼쪽 간을 이식하는 것이 정석이었다. 기증자는 어느 쪽을 이식해 줘도 문제가 없지만, 수혜자 입장에서는 덩치가 큰 오른쪽 간을 받으면 혈관이 팽창하는 부작용 때문에 간 부전이 일어날 수 있기 때문이다. 이승규 교수는 이 문제를 해결하기 위해 '중간 정맥'을 만들어 주는 방식으로 오른쪽 간 이식에 성공할 수 있었다.) 브롤시 박사는 앞서 독일 연수 때 그에게 간 이식 수술을 가르쳤던 스승이기도 하다. 불과 7년 만에 사제의 입장이 바뀐 셈이었다.

맨처음 생존한 환자에서 세계적 의사로

이승규 교수는 어렸을 때 병치레를 많이 했는데 다섯 살 때에는 배에 복수가 차서 부풀어 오르는 '협착성 심낭염'이라는 병으로 수술을 받았다. 당시만 해도 우리나라는 의술이 부족해 일본에 있던 삼촌의 도움으로 도쿄 대학 병원에서 수술을 받았다. 그는 일본에서도 그 수술을 받고 첫 번째로 살아남은 환자로 기록됐다.

"중환자실 한 달을 포함해 1년 동안 병원에서 치료를 받았어요. 첫 번째 수술 환자였으니 의사들이 특별히 친절하게 대해 준 것 같아요. 이 일을 계기로 흰 가운 입은 사람을 동경하게 됐고, 고 3이 되자 의과 대학을 먼저 생각하게 됐습니다. 또 아버지가 사업을 하시면서 기복이 심했기 때문에 외아들인 저에게는 안정된 직업을 택하도록 권하셨습니다. 어린 시절의 기억과 가정적 배경이 함께 작용해 의사가 되기로 결정했습니다. 어떻게 보면 저는 우연히 직업을 선택하게 됐지만 직업 선택의 첫째 조건은 '제일 좋아하는 일'이자 '평생 할 만한 일'이어야 한다고 생각합니다. 그런 점에서 저는 하루 종일 병원에 있어도 지겹지 않으니 다행이죠."

다섯 살에 심장병 수술을 받고 살아난 아이가 50년 뒤 세계적 의사가 된 셈이다. 천재는 노력하는 사람을 따라가지 못하고 노력하는 사람은 즐기는 사람을 따라가지 못한다고 한다. 하루 중 열여섯 시간을 병원에서 일한다는 그는 진심으로 자신의 일을 즐기는 것처럼 보였다.

성공에서 노력이 차지하는 비중은 절반

이승규 교수는 의대를 졸업할 때까지는 평범한 삶을 꿈꿨다. 의대생 시절에는 생활이 여유로운 의사가 되고 싶었다. 레지던트(전공의) 시절에는 수술이 두세 시간이면 끝나는 '대장 항문 외과'를 전공했고 3년 동안 대학에서 이 분야를 더 공부했다. 당초에는 개인 병원을 개업할 계획이었다.

하지만 1989년 신생 병원인 서울 아산 병원이 개원하면서 스승 민병철 원장으로부터 전공을 바꾸고 합류할 것을 제의받았다. 아내는 돈을 벌기 위한 개업은 그의 성격상 맞지 않는다며 적극 지원해 줬다. 그는 비로소 간 이식 수술을 배우기 위해 해외로 장기 연수를 떠나고 단계적으로 필요한 준비를 했다.

결과는 성공이었다. 세상에 공짜로 얻어지는 것이 없듯이 헛되이 버려지는 노력도 없다. 10년 동안 한 가지 일에 집중하자 세계 최고라는 명성이 따라왔다. 한 가지 일에 죽기 살기로 매달려 이룬 결실이다. 하지만 그는 성공에서 노력이 차지하는 비중은 절반에 불과하다고 말한다. 그러면 나머지 절반은 무엇일까?

"아무리 노력해도 뜻한 바를 못 이룰 수도 있습니다. '꼭 이렇게 돼야겠다는 자신의 열정과 노력'이 반, 그리고 '눈에 보이지 않는 도움'이 반인데 나의 노력과 남의 도움이 함께 어우러져야 비로소 자신이 원하는 것을 이룰 수 있어요."

하지만 중요한 것은 성공의 절반인 주위 도움도 결국 자신의 노력에서 출발한다는 사실이다.

"저는 도움을 많이 받았어요. 간 이식 분야 장기 연수를 다녀온 뒤에는 병원에서 지원을 받아 연구를 계속할 수 있었습니다. 좋은 동료 의사들의 도움을 많이 받았고 간호사들과 행정 직원들도 도움을 줬어요. 행정 직원 중에 공수 부대 출신이 있었는데 이 직원 덕분에 우리 팀은 뇌사자가 생기면 군부대의 헬리콥터를 지원받아 간 이식 수술을 가장 신속하게 할 수 있었죠.

살면서 제가 생각지도 않았던 여러 가지 도움을 받았어요. 눈에 보이지 않는 도움과, 자신의 열정이 어우러져야 원하는 것을 이룰 수 있는 것 같아요. 그래서 저는 열심히 노력하면 주변에서도 도와주니까 더 열심히 하라고 후배들에게 말하곤 하죠."

'하늘은 스스로 돕는 자를 돕는다.'는 식상한 말은 그의 삶에서는 진리다.

연구실에는 아직도 그가 선진국에서 간 이식 수술 과정을 지켜보며 빽빽이 메모한 노트들이 있다. 매번 처음 같은 열정으로 일하기 위해서 항상 곁에 둔다고 한다. 2,000건이 넘는 수술을 했지만 매번 수술 전에는 여러 번 메모를 확인하고 수술실에는 기억해야 할 점을 빨간 글씨로 써서 붙여 놓고 실수가 없도록 노력한다.

이승규 교수는 누구보다 열심히 일한다. 아침 6시 30분에 출근해 밤 9시나 10시쯤 퇴근한다. 환갑의 나이지만 평균 근무 시간은 보통 사람들보다 훨씬 많은 하루 열여섯 시간이다. 그는 심지어 불과 몇 년 전까지도 일주일에 세 번은 집에 가지 못하고 병원에서 새우잠을 자며 일했다.

간 이식 팀에서 일하는 의사들은 노동 강도가 높은 편이다. 제일 젊은 의사는 일주일에 한 번 집에서 잠을 자고 나머지는 병원에서 잔다. 레지던트를 마친 의사는 펠로우 과정이라고 하는 일주일에 한 번 집에 가는 생활을 3년 정도 한 뒤 정식 스태프가 된다. 정식 스태프가 되고 나서도 처음 10년 동안은 일주일에 사나흘은 병원에서 자며 생활한다. 그래서 외과 의사들은 체력도 철저히 관리해야 한다.

"외과 의사는 서서 일해야 하잖아요? 아무리 머릿속의 지식이 많아도 체력이 뒷받침되지 않으면 수술할 수 없어요. 다른 사람이 자기 몫을 대신 해 줄 수는 없죠. 외과 의사는 체중이 늘어도 안 됩니다. 체중이 늘어 배가 나오면 무릎과 허리가 아파 오래 서 있을 수 없기 때문이지요. 체중 관리와 운동을 열심히 할 수밖에 없어요."

매 순간 긴장해야 하고 작은 실수도 용납되지 않는 수술실에서 이승규 교수는 호랑이로 변해 신입 스태프들을 떨게 만든다. 하지만 수술실을 나서면 그는 모든 성공을 스태프들 덕분으로 돌린다. 후배가 맡은 환자에게 문제가 생기면 가장 먼저 병원으로 달려오고, 후배들의 실력이 충분치 못했던 몇 년 전까지만 해도 일주일 중 절반은 병원에서 함께 새우잠을 자며 믿음을 나눴다.

이승규 교수에게 의사가 되려면 어떤 자질이 필요한지 물었다.

"저는 '성실성'을 가장 먼저 봅니다. 그리고 '이 일을 얼마나 좋아하는지' 봅니다. 자신이 하는 일을 즐기면서 성실하게 일하는 사람이 최우선입니다. 머리와 실력도 겸비해야 하지만 이 두 가지가 없는 천재는 자격이 없습니다. 의사는 성실하고 끈기 있는 사람이 되어야 합니다. 내가 칼을 들어 배를 연 사람을 위해 모든 걸 책임져야 하기 때문에 뚝심과 추진력, 근성이 필요합니다. 인성도 중요하죠. 성격이 모나지 않고 부드럽고 남의 형편을 고려해 주는 따뜻한 사람이어야 합니다. 또 외과 의사는 손재주가 필요한데 재능보다는 열정과 기본 자세를 먼저 봅니다."

의사들은 특히 손재주를 중시한다. 또 환자에 대한 따뜻한 마음이 필요하지만 환자가 울거나 두려워한다고 의사까지 마음이 흔들리면 안 되기에 결단과 용기도 있어야 한다. 그래서 외과 의사들은 '사자의 마음 (lion's heart), 독수리 같은 눈썰미(eagle's eye), 여성 같은 섬세한 손재주와 따뜻함(lady's hand)'이 필요하다고 배운다.

의사라는 직업의 장단점도 물었다.

우선 장점은 환자 치료라는 본연의 일에서 성취감을 가질 수 있다는 것이다. 수술을 받거나 치료받은 환자가 호전되는 것을 보는 것이 의사로서 가장 큰 보람이라고 했다. 현실적으로는 의사 자격증이 있어 전문성이 높고, 직업이 안정적이며, 경제적으로 윤택하다는 장점도 있다.

단점은 준비 과정이 길고 되기가 쉽지 않다는 것이다.

"대학 6년 과정 뒤에도 의사 면허 시험에 합격해야 하고 인턴 1년과 레지던트 4년을 거칩니다. 지금은 전공에 관계없이 의학 전문 대학원을 졸업해도 의사 면허 시험을 볼 수 있지만 주요 대학들이 의학 전문 대학원을 폐지하는 추세여서 의사가 되려면 의과 대학에 진학해야죠. 인턴은 일주일에 하루만 집에 가고 레지던트도 일주일에 한두 번만 집에 갑니다. 처음 10년 동안은 일주일에 사흘은 병원에서 잠을 자야 하기 때문에 그만큼 자신의 일을 좋아하지 않으면 직업으로서 이 일을 계속하기 힘듭니다."

의사들은 취미 활동이나 친구들을 만나기도 어렵고 관심 있는 다른 일을 병행하기도 어렵다. 보건 복지부에서 일하는 전문직으로는 의사와 약사, 간호사가 있는데 의사 출신이 제일 적다. 단순히 보수 때문만은 아니고 그만큼 다른 일에 눈 돌릴 여유가 적기 때문이다.

"직업을 선택할 때 제일 중요한 것은 우선 나에게 맞고 재미있게 즐기면서 일생을 일과 함께 보낼 수 있는 것이어야 한다고 생각합니다. 안정된 생활이나 돈만 보고 의대에 지원하면 후회할 수 있어요. 의사도 숫자가 많아져 희귀성이 떨어지면 안정성과 경제적 매력이 반감될 수도 있죠.

두 번째 중요한 것은 겸손이라고 생각합니다. 의사도 모든 단계를 거쳐 고생을 해야 되는 것이지 하루아침에 되는 것은 아닙니다. 초심의 겸손한 마음으로 열정을 갖고 노력하면서 하나하나 단계를 밟는 것이 중요한 거죠.

하루아침에 모든 걸 이룬 사람은 없습니다. 한 단계 한 단계 차근차근 밟아 가면서 자신이 이루고자 하는 목표를 위해 열정을 갖고 노력해야 합니다. 그러면 눈에 보이지 않는 도움이 뒤따르는 것 같습니다. 자만심은 금물입니다. 절대 자만하지 말고 언제나 처음 시작하듯이 겸손하게 일해야 합니다."

환갑의 나이에도 하루 열여섯 시간씩 일하고 주말에는 체력 관리를 위해 운동을 한다는 이승규 교수에게는 별다른 취미가 없다. 그저 좋아하는 음식을 먹고 운동하는 것이 취미라면 취미인데 이것도 체력 관리를 위한 의무감에서 비롯된 것이다.

그의 성공은 도전 정신과 열정, 끈기, 겸손이라는 단어들로 점철된다. 개인적으로 편안한 삶은 포기했지만 환자의 생명은 결코 포기할 줄 모르는 그는 너무나 매력적인 의사다.

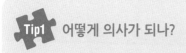

Tip1 어떻게 의사가 되나?

의사가 되는 과정은 크게 두 가지다.

6년 과정의 의과 대학에서 의학을 전공한 뒤 의사 면허 국가 시험에 합격해 면허를 취득하면 된다. 현재는 전공에 관계없이 4년제 일반 대학 졸업자가 의학 전문 대학원을 졸업해 의사 면허를 취득하는 경우도 있지만 주요 대학들이 의학 전문 대학원을 폐지하고 의과 대학 체제로 전환하는 추세이므로 의과 대학 진학은 필수이다.

의사 면허를 취득한 후 인턴 1년, 레지던트 4년(가정 의학과, 결핵과, 예방 의학과는 3년) 과정을 거치면 전문의가 될 수 있다. 각 전공은 인턴 1년을 마친 뒤 결정한다.

고등학교 전공은 이과이지만, 일부 문과 출신이 의과 대학에 입학하기도 한다.

의과 대학에 입학하려면 고등학교 내신과 수능 성적이 좋아야 한다. 대학에 입학해서는 한 분야를 깊이 파고들기보다는 골고루 잘하는 사람이 유리하다. 관련 학문은 생물학이고 인체에 대한 것을 동물 실험으로 파악하는 내용이 많다. 암기력도 필요하지만 통찰력도 필요하다. 전공별로 요구하는 자질은 조금씩 다른데 수술이 많은 외과는 손재주와 리더십이 필요하고, 심리적 치료가 중요한 정신과는 심리에 대한 이해와 상상력이 필요하다.

관련 기관: 한국보건의료인 국가시험원(www.kuksiwon.or.kr)

Tip2 연봉은?

한국직업능력개발원의 '산업 직업별 고용 구조 조사'에 의하면 전문의사는 31,885명이며, 이 가운데 여성은 16.2퍼센트를 차지하고 있다. 학력별로는 석사 이상이 57퍼센트, 대졸이 43퍼센트를 차지하고 있다.

정부가 조사한 전체 전문의사의 공식적인 월 평균 임금은 616만 원이다. 하지만 개업의와 종합 병원 봉직 의사의 월급 차이는 크다.

Tip3 10년 뒤 직업 전망

생활 수준이 향상되면서 건강에 대한 관심이 높아지고 평균 수명의 연장으로 만성적인 질환을 가진 환자가 늘어나고 있다. 따라서 의사의 수요는 증가할 것으로 보인다. 또 전문직 가운데서도 오래 준비해야 하는 직업의 특성상 의사의 전문성과 높은 임금, 고용 안정성은 앞으로도 유지될 것으로 보인다. 다만 의료인 수가 늘어나면서 경쟁이 치열해지고 근무 여건은 개선되기 힘들 것이라는 전망도 있다.

가난의 경험을 살려
다큐 프로그램 제작의 원동력으로
피디 박정훈

1960년 서울에서 태어나 고려대학교 영문학과를 졸업했다. 1986년
MBC에 입사한 뒤 1991년 SBS 교양 다큐멘터리 피디로 이직했
다. 「그것이 알고 싶다」, 「생명의 기적」, 「아름다운 성」, 「잘 먹고 잘
사는 법」, 「환경의 역습」 등 화제의 다큐멘터리를 잇달아 제작하며
'한국방송대상'을 3회 수상했고 '한국방송프로듀서 작품상'을 수
상했다. 2008년 SBS 예능 국장을 거쳐 2010년부터 편성실장으
로 재직 중이다. 저서로 『잘 먹고 잘 사는 법』이 있다.

제가 피디로서 성공할 수 있었던 것은 어린 시절에 가난했기 때문입니다.

정서가 예민했던 시절 겪은 가난의 경험이

다큐 프로그램을 만드는 힘이 되었습니다.

— 피디 박정훈

피디는 아나운서처럼 진행을 하거나, 연기자처럼 연기를 하거나, 작가처럼 대본을 쓰거나, 카메라맨처럼 촬영을 하지는 않는다. 하지만 방송 프로그램을 만들어 내는 보이지 않는 손이자 총감독이 바로 프로듀서, 피디다. 프로그램을 기획하고 꼭 맞는 출연자를 섭외하고 수많은 스태프들의 능력을 100퍼센트 끌어내 완벽한 프로그램을 만들어 내는 것이 바로 피디의 역할이다.

피디는 인기 직종이다. 최근에는 인기 프로그램만큼이나 유명세를 누리는 피디들도 적지 않아서 예능, 드라마, 교양 등 각 분야를 대표하는 스타 피디들을 꼽을 수 있을 정도다. 하지만 피디에 대한 일반인들의 생각 가운데에는 잘못된 것도 많다.

가장 큰 오해는 피디는 의자에 앉아 손바닥으로 '큐' 사인만 보내면 나머지 일은 출연자와 스태프들이 알아서 할 것이라는 생각이다. 물론 사실이 아니다. 피디는 프로그램을 기획할 뿐만 아니라 출연자 섭외에서 부터 모든 것을 챙겨야 한다.

'프로그램 하나로 세상을 바꿀 수도 있는 사람'이라는 피디 가운데에서도 최고 고수를 만나 이 직업에 관해 들어 보았다.

텔레비전을 켜니 욕조가 보인다. 자세히 보니 병원 분만실이다. 배우 최정원 씨가 남편의 도움을 받아 물속에서 아이를 출산하기 위해 죽을힘을 다한다. 고통스런 과정을 거쳐 새로운 생명이 세상 밖으로 나온다. 고통과 기쁨이 교차하는 생명의 탄생, 이제 아버지가 된 남편은 울먹인다. 눈도 채 뜨지 못한 어린 생명이 엄마의 젖을 찾는 장면이 클로즈업된다.

세 명의 주인공이 빚어낸 '생명이 태어나는 숭고한 순간'이라는 인간 드라마에 지켜보는 시청자들도 순간 숨을 멈추고 가슴이 뭉클해졌다.

이어 텔레비전 속 화면은 우리나라와 선진국의 출산 장면이 교차된다. 제왕 절개와 분유 수유가 권장되는 우리나라 병원과 자연 분만과 모유 수유가 당연시되는 선진국 병원, 산모가 외부와 격리된 채 환자 취급을 받으며 출산하는 우리나라 병원과 산모가 가족들에 둘러싸여 화목한 분위기 속에서 출산하는 선진국 병원이 대조된다.

이 프로그램은 새로운 천 년이 시작된다며 새해맞이 행사가 어느 해보다 요란했던 2000년 1월에 방영되었다. 새 천 년은 첨단 과학 문명이지배하는 세계가 도래할 것이라는 전망이 팽배했다. 방송도 앞다퉈 이런 분위기를 전했는데 이 신년 다큐멘터리는 좀 많이 달랐다.

「생명의 기적」이라는 이 다큐멘터리는 큰 파장을 가져왔다. 제왕 절개 1위라는 우리의 출산 문화에 경종을 울리면서 자연 분만으로 돌아가자는 움직임을 낳았고, 산모와 신생아가 편안하고 아버지도 출산 과정에 참여할 수 있는 출산 문화 만들기 운동이 시작됐다. 다큐멘터리는 새 천년 첫해 여러 방송사들이 야심차게 준비했던 쟁쟁한 경쟁작들을 물리치고 그해 한국방송협회의 한국방송대상을 받았다.

이 다큐멘터리를 제작한 사람이 바로 박정훈 피디다. 박정훈 피디는 국내 교양 다큐멘터리 피디계의 일인자로 불린다. 그는 1986년 MBC에 입사해 휴먼 다큐멘터리의 원조격인 「인간 시대」를 연출했으며, 1991년 SBS로 옮겨 주목받는 다큐멘터리를 잇달아 제작했다.

"저는 운이 좋았습니다."

그는 이 말을 계속 반복했다. 하지만 설명을 들을수록 그러한 운이 그냥 얻어진 것이 아니라는 확신이 들었다.

「생명의 기적」이라는 프로그램은 그가 이후 제작한 인간 중심 다큐멘터리의 시작이라는 점에서 첫 번째로 얻은 자식과도 같다.

"새 천 년을 앞두고 첨단 과학 문명이 화두가 됐지만, 저는 사람이라는 기본에 초점을 맞추고 싶었어요. 그러면 탄생부터 제대로 가야 한다는 역발상을 하게 된 거죠."

소재는 생활 속에서 나왔다. 그도 당시 열 살이 된 외동딸을 제왕 절개 수술로 낳았다.

"다큐멘터리 피디는 자신의 뼈저린 성찰로 태어나야 합니다. 저희도 부끄럼 없이 제왕 절개 수술로 아이를 낳았죠. 당시 제왕 절개로 출산하면 산모와 아이에게 고통이 적다고 들었고, 심지어 아이 머리가 좋아진다는 속설까지 나돌던 상황이었습니다. 저희도 제가 편집 일정이 없는 가장 한가한 날짜를 잡아서 제왕 절개로 딸을 낳았어요. 얼마나 무식하고 한심한 일인지는 뒤늦게 깨달았습니다. 하지만 세상은 점점 더 이런 쪽으로 치달아 가고 있었죠. 인간의 탄생이 의료 시스템에 종속되는 상황을 개선해 보자고 생각했습니다. 올바른 출산 문화를 만들자는 기획 의도가 잘 살려져 첫 번째 작품에서 큰 힘을 얻었고 이후 다른 다큐멘터리들을 만드는 데 용기를 얻을 수 있었습니다."

그는 원하는 장면을 찍기 위해 카메라맨에게 촬영을 맡기지 않고 캠코더를 들고 직접 촬영을 했다. 산모가 진통이 있다면 밤에도 달려가 대기했다. 아이가 탄생하는 장면을 포착하기 위해 열 시간 이상 밥도 못 먹고 계속 서서 촬영하기도 했다.

육체적 피곤함보다 어려운 것이 산모와 남편들을 섭외하는 것이었다. 산모들은 남자인 피디가 출산 장면을 촬영하는 것에 대해 거부감을 보였고, 간신히 부인의 허락을 받는다 해도 남편들이 더욱 강한 거부감을 보였다.

가장 힘든 것은 해외 취재였다. 국내라면 섭외한 산모가 진통이 온다면 새벽이든 밤이든 언제든 달려가 촬영할 수 있지만 외국에서는 일정을 맞추기 힘들었다. 그는 사전에 이메일을 보내 섭외한 산모들의 출산 예정일에 맞춰 촬영 스케줄을 짰다. 가령 미국 로스앤젤레스 병원에서는 9월 1일, 샌프란시스코에서는 9월 5일, 포틀랜드에서는 9월 13일로 하는 식이다. 하지만 아이가 예정일에 맞춰 태어날 확률은 5퍼센트 미만이어서 출장 일정 안에 촬영에 성공할 수 있는 확률은 극히 낮았다. 비행기 일정 때문에 체류 시간 동안 아이가 태어나기만을 기다렸는데 운 좋게도 가는 곳마다 일정 안에 촬영에 성공해 그는 '럭키 가이(Lucky guy)'로 불렸다. 한곳에서는 수중 분만 장면을 촬영하러 갔더니 산모가 전혀 진통 기미가 없었다. 이틀 뒤면 귀국 비행기를 타야 한다고 했더니 의사가 "신의 가호나 빌라."고 말했다. 반쯤 포기하는 마음으로 기다렸는데 한국으로 돌아오기 바로 전날 밤 갑자기 산모가 진통이 와서 출산 장면을 촬영할 수 있었다.

박정훈 피디는 20년 이상 교양 프로그램만 만들어 왔다. 앞서 고발 프로그램인 「그것이 알고 싶다」 등을 만들었고, 다큐멘터리 「생명의 기적」에 이어 2002년에는 「잘 먹고 잘 사는 법」을 통해 채식 열풍을 불러일으켰다. 2004년에는 「환경의 역습」을 방송해 당시에는 생소했던 '새집 증후군'이라는 용어를 일반화시키며 주거 환경 문화를 바꾸었다. 그는 이 다큐멘터리들을 만들어 한국방송대상만 세 차례 받았고 방송위원회 대상, 환경 단체와 여성 단체의 수상까지 100여 개의 상을 휩쓸었다.

'넥타이 안 매고 다녀도 된다'는 말에 지원

피디계의 일인자가 피디가 된 것은 우연이었다.

"친구들은 어린 시절 대통령이 되고 싶다거나 음악가가 되고 싶다고 말하는데 저에겐 기억나는 장래 희망이 없어요. 그저 '세상을 자유롭게 살고 싶다.'는 것이 유일한 희망이었습니다."

대학에서는 영문학을 전공했다. 한때는 유학을 갈까도 생각했지만 건강이 나빠졌고, 대학에 가서도 구체적인 취업 목표가 없었다. 그런데 어느 날 우연히 사람들에게 얽매이지 않는 직업 가운데 하나가 피디라는 이야기를 들었다.

"대학 4학년 때 피디 시험을 준비하던 학과 동기가 방송국 입사 지원 마감 직전에 같이 시험을 보자고 권했어요. 당시 방송사는 인기 직종이 었고 88 서울 올림픽을 앞두고 있어서 예년보다 피디를 많이 뽑았어요. 그때 처음 피디가 무슨 일을 한다고 대충 들었습니다. 무엇보다 '피디는 자유로운 직업이고 넥타이를 안 매고 다녀도 된다.'는 말에 끌렸어요. 하지만 그 전에는 한 번도 피디에 대해 생각해 본 적이 없었어요. 제가 '공부도 안 했는데 쳐 봐야 떨어진다.'며 자신 없어 하자 그 친구가 입사 원서나 써 보라고 줘서 친구가 대신 제 원서도 접수했어요. 그런데 운명이 었는지 친구는 떨어지고 저는 4차 시험까지 모두 통과했어요. 결국 그 친구는 광고 회사에 피디로 들어갔어요."

그는 입사 후 드라마 분야가 가장 친숙하기에 드라마 피디를 지원했지만 회사에서 교양 피디로 배정했다. 돌이켜 보니 교양 피디가 돼서 행운이 었다.

"교양 프로그램이 제 생각과 잘 맞고 더 자유로운 장르예요. 교양 다큐멘터리는 피디 개인의 생각을 마음껏 세상에 펼 수 있는 것이 매력입니다. 드라마는 작가의 상상력에 의존하는 부분이 크지만 교양 다큐멘터리는 피디의 기획에 의존하는 부분이 크죠."

화장실 가는 시간도 아껴 가며 일해

그는 회사를 옮기고 나서도 교양 부문 피디로 전문성을 높여 갔다. 다큐멘터리 피디로서 그의 꿈은 "프로그램을 통해 세상을 바꾼다."는 것이다.

"문제는 방송으로 '어떻게 바꾸나' 하는 것인데 저는 운이 좋았어요. 제가 만든 「생명의 기적」이나 「환경의 역습」이 방송되자 사회 분위기나 제도까지 바뀌어 보람이 컸습니다. 작품성보다 효과를 더 중시해 설득력 있는 메시지를 담자는 것이 제 목표였어요. 제 첫 번째 다짐은 '선배들이 했던 다큐멘터리는 안 만들겠다.'는 것이었죠. 저는 저만 할 수 있는 다큐멘터리를 하겠다고 결심했습니다. '세상 문화를 긍정적으로 바꾸는 것'이 목표였는데 운이 좋게도 잘 맞아떨어졌습니다."

박정훈 피디의 운을 만든 것은 그의 프로 정신이다. 그는 새로운 프로그램을 시작하면 메모장을 들고 다니며 계속 생각을 바꾸고 메모한다.

"하루 종일 한 가지 생각만 하면 생각의 깊이가 깊어지고 꿈속에서라도 답이 나옵니다."

그는 메시지를 전달하기 위해 구성력에 신경을 많이 쓴다. 구성력이란 텔레비전을 보는 사람이 계속 보게 만드는 힘을 가리키는데 피디는 사람들이 텔레비전 앞에 앉아서 계속 보게끔 편집하고 구성하려고 노력한다. 구체적인 방법이 있는 것은 아니다. '소재'를 어떻게 잘 표현할 것인지 고민하고 시청자들에게 영향력을 줄 수 있도록 소재를 배치하고, 속도감을 조절하고, 음악도 고른다.

"「생명의 기적」에서 가장 공들인 부분이 수중 분만으로 출산하는 도입부 장면이었습니다. 사전에 어떻게 표현할지를 계획해 촬영한 뒤 나온 장면을 가지고 다시 생각했어요. 경박스럽지 않고 엄숙하면서 감동적인 장면을 만들고 싶었습니다. 출산은 감동적이고 인간적이고 소중한 것이라는 메시지를 어떻게 표현할 것인지 고민해 편집하고 음악을 넣었죠."

박정훈 피디는 평소에는 '좋은 사람'이지만 '좋은 결과'를 얻기 위해서는 결코 타협하지 않는다.

"작가와 마지막 대본 작업을 할 때는 분위기가 살벌합니다. 저와 계속 사이 좋게 지내 왔던 작가라도 마지막에 대본을 고치면서 우는 사람도 있어요. 끝장을 보는 과정을 통해 좋은 작품이 나옵니다. 마무리가 중요하기 때문에 마무리 작업 때는 최선의 결과를 얻기 위해 절대 타협하거나 양보하지 않아요."

하지만 그와 함께 일하면 좋은 결과물이 나온다는 것을 알기 때문에 좋은 스태프들이 몰린다. 박정훈 피디는 자신부터 기인을 방불케 할 정도로 열심히 일한다.

그는 다큐멘터리를 만들 때 편집을 시작하면 50일 동안 밤샘 작업을 한다. 이때는 매일 아침 7시까지 밤새워 편집하고 집에 가서 잠시 눈을 붙이고 점심 때쯤 다시 출근해 스태프들과 논의하고, 오후 5시부터 다시 밤새워 편집하는 생활을 반복한다. 피곤하지 않은지 물었더니 더 지독한 상황을 꺼낸다.

앞서 정규 프로그램인 「그것이 알고 싶다」를 4주에 한 편씩 만들었는데 화장실에서 소변 볼 시간도 아껴 가며 일했다고 한다. 심지어 월요일부터 토요일까지 단 두 시간만 잠자며 프로그램을 만든 적도 있다. 감정사들이 등급을 높게 매겨 가치가 부풀려진 '블루 다이아몬드' 유통 실태를 고발하는 내용이었는데 어려운 내용이었지만 오보를 피하려고 마무리 단계까지 고생했다고 한다.

피디는 세상을 재해석하는 사람

그는 2003년 한 신문사에서 조사한 '프로들이 뽑은 우리 분야 최고 교양 부문 피디' 1위로 뽑힌 적이 있다. 성공의 비결을 물었더니 성공도 아니고 비결도 없다고 말한다.

"굳이 말하자면 '다른 사람과 다른 생각을 하려고 했던 것'이죠. 저는 특집이 아니라 정규 프로그램이라도 똑같은 편집, 똑같은 내용은 재미없어 항상 남들이 안 하려는 쪽으로 하려고 노력합니다. 위험 부담은 크지만 그래야 만족도가 높고 재미있습니다."

박정훈 피디에 따르면 '피디는 한마디로 세상을 재해석하는 사람'이다. 피디는 현실 속에서 프로그램의 소재를 정하고 촬영과 음악, 그래픽, 자막 등을 관리해 프로그램을 만들어 내지만 현실의 '재해석'이 가장 중요하다.

"똑같은 쇠고기와 국수를 먹어도 다르죠. 어떤 사람은 쇠고기만 먹고, 어떤 사람은 「잘 먹고 잘 사는 법」과 같은 프로그램을 만듭니다. 어떤 사람은 국수만 먹지만, 어떤 사람은 「누들로드」같은 다큐멘터리를 만들죠. 같은 소재로 무언가를 만들어 내는 차이는 관찰력에 달려 있습니다.

「1박 2일」과 「패밀리가 떴다」 같은 예능 프로그램이든 「그것이 알고 싶다」 같은 교양 프로그램이든 다르지 않습니다. 소재는 현실 속에 있는 것이고 이 소재를 '누가 보느냐, 어떻게 보느냐'가 중요합니다."

그가 잘못된 식생활 문화를 파고든 다큐멘터리 「잘 먹고 잘 사는 법」을 만든 계기는 「생명의 기적」 취재 차 목장에 갔을 때 놀란 기억에서 비롯된다. 목장에서는 수십 마리의 소들이 일렬로 줄지어 쇠사슬에 묶인 채 하루 종일 움직이지도 못하고 심지어 배설물 위에서 사육되고 있었다.

"그렇게 해야만 꽃등심, 즉 마블링이 온몸에 생기기 때문이라는 목장 주인의 말에 충격을 받았습니다."

이 일을 계기로 박정훈 피디는 '먹을거리를 위해 인간이 어디까지 가야 하는가' 하는 문제에 관심을 갖게 됐다. 1년 뒤 그는 「잘 먹고 잘 사는 법」을 제작했고, 이 프로그램은 채식 열풍을 가져올 정도로 사회에 큰 영향을 미쳤다.

박정훈 피디는 같은 소재를 다르게 만들 수 있게 하는 것이 바로 관찰력이라며 피디의 자질 가운데 첫번째로 관찰력을 꼽았다. 피디는 또 종합적 판단력도 필요하다. 한 분야에 집중력이 있어야 하고 잘하는 장기가 있어야 하며 균형 잡힌 시각을 갖추어야 한다.

리더십, 다른 말로는 스태프들에게 '좋은 사람'이 되는 것도 중요하다. 좋은 피디가 되면 능력 있는 작가, 조연출, 촬영 감독 등 스태프들이 함께 일하고 싶어 하고 결과물도 좋게 되기 마련이다.

"좋은 피디란 첫째로 일 자체를 잘해야 하고 스태프들보다 더 많이 일해야 합니다. 그래야 존경받고 프로그램도 잘됩니다."

사회 고발 프로그램을 제작할 때는 정의감과 사회에 대한 책임감이 더욱 요구된다.

"예전에 「그것이 알고 싶다」를 맡으면서 다단계 피라미드 회사나 종교적 광신 집단을 고발하는 프로그램을 만들 때에는 협박도 많이 당하고 제작하면서 어려움도 컸어요. 하지만 의미가 있는 일이라면 회사가 보호해 주죠. 저도 후퇴하지 않고 버텼습니다."

현재 면접관으로서 방송사 공채 시험에서 피디를 선발하는 그에게 선발 기준을 물었다.

"인성과 생각, 진정성을 가장 먼저 보죠. 지원자를 막 찔러 보면, 즉 상상하지 못했던 질문을 던져 보면 평소 어떤 생각을 하고 살아가는 사람인지 알 수 있어요. 제가 낸 문제 가운데 하나는 '독도에 관한 프로그램을 일본 사람의 입장에서 만든다면 어떻게 만들 것인가?' 하는 것입니다. 면접에 참여한 지원자가 순간 숨을 못 쉬더군요. 똑같은 질문은 두 번 다시 하지 않아요. 우리 회사의 경우는 한 달 동안 실무를 평가하는 인턴제도 거치는데 이 과정에서 감출 수 없는 인성이 저절로 드러나기 때문에 부적합한 사람은 걸러집니다."

시계를 20여 년 전으로 되돌려 보면 만 26세의 청년 박정훈도 피디 공채 시험 과정에서 진땀을 흘린 고비가 있었다. 토론식 면접이었는데 세 명의 지원자가 10분 동안 주어진 세 개의 주제 가운데 답변하고 싶은 한 개의 공동 주제를 선택한 뒤 면접관 앞에서 토론하는 방식이었다. 그가 속한 팀에 주어진 주제는 문학과 법률, 경제 문제였는데 지원자들의 전공과 관련된 내용이었다. 당연히 지원자들이 선호하는 주제가 달라 주제 결정부터 쉽지 않았다. 결국 영문학과 출신인 그가 먼저 양보하고 마지막에 법대 출신 지원자가 양보해 최종 주제는 경제학과 출신에게 유리한 '종신 고용제를 어떻게 볼 것인가'로 정해졌다. 그는 난생처음 생각하게 된 그 문제를 놓고 면접관 앞에서 두서없이 이야기했다. 결과는 제일 답변을 잘한 경제학과 출신 지원자만 탈락하고 나머지 두 명은 합격이었다.

"때로는 양보가 얻는 것일 때도 있다는 것을 그날 배웠어요."

그는 기본기도 중요하다고 강조한다.

"자기가 정말로 되고 싶다면 결국에는 되겠죠. 하지만 그다음이 더 중요한데 처음 목적이 순수해야 합니다. 피디라면 제대로 된 프로그램을 만들어야죠.

꿈을 꾸는 것은 좋은 일이지만 그 동기가 순수하지 않으면 오히려 안되는 것이 낫습니다. 남에게 해를 주기 때문입니다. 방송은 영향력 있는 매체이기 때문에 피디는 캐스팅 권한을 남용하면 안 되고 상식과 정의감이 있어야 합니다. 자질이 없다면 요행히 피디가 되더라도 인정받기도 힘들고 안 한 것만 못하죠."

가난의 경험이 휴먼 다큐를 만드는 힘

26년 차인 박정훈 피디는 최근에는 편성을 총괄하고 있다. 어떤 프로그램을 방송할지, 방송한다면 언제 할지 등을 기획 단계부터 결정하고 드라마와 예능, 교양 프로그램의 방송 스케줄을 잡고 때론 프로그램을 폐지하는 것도 결정한다.

현업 피디는 방송 프로그램을 기획해 제작하는 사람이다. 기획의 비중은 전체 업무의 대부분을 차지하지만 표면상 일은 크게 3등분된다. 3분의 1은 '머리'(기획)로, 3분의 1은 '발'(현장 촬영)로, 3분의 1은 '골방'(편집실)에 틀어박혀 재창조하는 작업이다.

매체로 보면 텔레비전과 라디오로 나뉜다. 텔레비전 프로그램은 쇼와 오락, 드라마, 시사 교양 등이 있다. 방송 시간대에 따라서는 '데일리(매일 방송)'와 '위클리(매주 방송)', '먼슬리(매월 방송)'처럼 정기물이 있고, 「생명의 기적」처럼 제작 기간이 1년이 걸리는 다큐멘터리도 있고 몇 년이 걸려 만들어지는 대작도 있다. 가장 많은 유형이 '위클리' 프로그램이어서 피디들은 대부분 6개월 혹은 1~2년 동안 특정 요일 방송분을 제작하고 일정 기간이 지나면 담당 프로그램을 바꾼다.

피디는 기본적으로 도제 방식으로 키워진다. 지상파 방송국의 경우 드라마 피디는 조연출 7년을 거쳐 단막극 연출을 시작한다. 드라마 피디는 많게는 300명의 스태프들을 이끌어야 하기 때문에 연출을 맡기까지 시간이 많이 걸린다. 다만 예능과 교양은 아이디어 싸움이어서 '입봉'으로 불리는 연출이 좀 더 빠르다. 예능은 입사 후 3~4년이 지나면 연출을 할 수 있고, 교양 프로그램도 마찬가지로 입사 후 3~4년이 지나면 직접 연출하고 10년이 지나면 다큐멘터리도 제작한다.

피디의 장점은 일이 자유롭다는 것이다. 대다수 피디들은 출퇴근 시간 제한을 받지 않고 규정된 복장이 없다.

"방송국에서는 프로그램만 잘 만들면 모두로부터 인정받고 왕 대접을 받습니다. 장인을 인정해 주는 문화가 있고 또 그것이 피디가 존재하는 이유이기도 하죠."

근본적으로는 직접 프로그램을 만든다는 자부심이 가장 큰 보람이자 장점이다.

단점도 있다.

피디들은 돈을 많이 벌기가 힘들다. 노동량에 비해 월급이 적다는 것이다. 노동 강도가 높고 시청률 때문에 받는 스트레스도 많다. 피디에게는 '시청률표 없는 세상'이 유토피아다. 하지만 시청률표가 없으면 결국 프로그램이 재미가 없어질 테니 시청률표는 필요악이라고 한다.

"시트콤 「지붕 뚫고 하이킥」을 연출한 김병욱 피디는 일주일에 이틀은 밤을 새웁니다. 6개월 동안 초죽음 상태로 일한 뒤 1년 동안 재충전 시간을 갖는 식이죠.

또 16부작 드라마를 연출한다면 1년 전부터 출연진 섭외 등 준비 작업을 하는데 두 달 동안은 쉴 시간이 없어요. 50부작짜리 사극을 연출한다면 6개월가량 잠은 차 안에서 자는 상황이 됩니다. 「무한 도전」의 김태호 피디는 4년 연속 이 프로그램을 연출하고 있는데 살아 있는 것이 신기하다고 할 정도로 노동 강도가 높아요. 바꿔 말하면 일에 미쳐 있는 거지요."

하지만 '모든' 피디들이 '항상' 이렇게 일하지는 않는다. 일 잘하는 사람에게 일이 몰리는 구조다. 무엇보다 피디의 일은 노동력을 집중해야 하는 기간이 있다. 즉 6개월 또는 1년 동안 집중적으로 일한 뒤 몇 개월 동안 아이디어를 구상하고 재충전하는 시간을 갖는다.

"제가 피디로서 성공할 수 있었던 것은 어린 시절에 가난했기 때문입니다. 고등학교 3학년이 될 때까지 등록금을 내기 힘들었으니 학원은 다녀 본 적이 없고, 서울에서 태어나 대학생이 될 때까지 바다에 한 번도 못 가 보고 기차도 수학여행 갈 때 처음 타 봤습니다. 가난이 저의 힘이 되었습니다. 정서가 예민한 사춘기에 가난했기에 굴욕감과 창피함 같은 정서를 알게 됐고 집안에 대한 생각들을 많이 했어요. 그런 경험은 프로그램을 만들고 세상을 살아가는 데 굉장히 좋은 경험이 됩니다."

그는 딸에게 가난을 경험해 볼 기회를 주지 않았다는 것이 가장 미안한 일이라고 했다. 부유한 사람은 휴먼 다큐멘터리를 어떻게 만들어야 할지 알기 힘들 것이기 때문이다.

마지막으로 박정훈 피디의 책상 한 편에 붙어 있는 글을 소개한다. 그는 매일 아침 컴퓨터를 켜고 부팅되는 시간 동안 아래의 '아침 주문'을 읽는다.

박정훈 피디의 아침 주문

1. 나는 오늘도 나의 건강함에 감사하며 하루를 시작한다.

2. 나는 오늘도 누구 앞에서도 정정당당하게 행동하고 밝은 표정과 웃음을 잃지 않을 것이다.

3. 나는 오늘도 항상 겸손한 자세로 남의 말을 경청할 것이다.

4. 나는 오늘도 나에게 닥칠 그 어떤 어려움도 지혜롭게 이겨 낼 것이다.

5. 나는 오늘도 한번 시작한 일은 결코 포기하지 않을 것이며 반드시 성공시킬 것이다.

6. 나는 오늘도 만나는 모든 사람들을 진심으로 대할 것이며 어려움에 처한 사람들을 도울 것이다.

7. 나는 오늘도 부지런히 몸을 단련하고 매사에 게으름을 피우지 않을 것이다.

8. 나는 오늘도 30분 이상 책을 읽고, 30분 이상 명상할 것이다.

9. 나는 오늘도 내가 하는 일이 내가 속한 조직과 나라의 발전에 기여하도록 노력할 것이다.

10. 나는 오늘도 언제 나에게 닥칠지 모를 죽음의 순간을 생각하며 사리사욕을 버리고 정도를 갈 것이다.

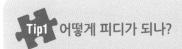 **Tip1** 어떻게 피디가 되나?

피디가 되려면 방송사 공채 시험을 통과해야 한다. 지상파 방송의 경우 대부분 공개 채용으로 피디를 선발한다. 선발 과정은 서류 전형을 거쳐 필기시험(국어, 상식, 방송 용어, 논술)과 면접이 있다. TOEIC이나 TOEFL 등 공인 영어 성적도 요구하는데 각 언론사마다 기준 점수는 다르지만 지원자들의 성적은 꽤 높은 편이다.

대학에서 어떤 학과를 전공해야 한다는 제한은 없다. 다만 지원자는 문과 출신이 많고 관련 학과라면 신문 방송학과 등을 꼽을 수 있다. 실제로 채용되는 피디들의 대학 전공 분야는 다양하다.

방송사 단기 인턴이나 아르바이트를 하며 시스템을 경험해 보거나 언론사 시험 준비 스터디에 들어가 함께 정보를 얻는 것도 도움이 된다. 국어 실력과 폭넓은 상식도 필요하다. 합격에는 운도 따르지만 운이 닿도록 계속 많이 응시해야 한다.

실무를 가르치는 방송 아카데미도 있지만 지상파 방송사 지원자라면 별로 도움이 되지 않는다. 지상파 방송사는 피디를 뽑을 때 편집 실력보다는 기본적 자질과 폭넓은 지식을 주로 보기 때문이다. 케이블 방송 등에서는 당장 프로그램을 만들 수 있고 편집 기술을 가진 사람을 우대하기 때문에 실무 능력이 도움이 될 수 있다.

 Tip2 피디가 일하는 순서

| 사전 준비 |

❶ **기획**– 어떤 아이템을 선택해 방송할지를 결정한다. 글쓰기에 비유하면 주제를 잡는 과정과 비슷하다. 아이템 내용과 프로그램 제작 방향, 소요 예산, 출연진 등을 포함한 기획서를 작성한다. 데일리나 위클리, 먼슬리 등 정기물은 기획서가 간단하지만 몇 달 이상 걸리는 대작들은 기획서부터 완벽해야 한다. 방송사를 설득해 프로그램 제작에 필요한 예산과 인력, 시간을 배정받기 위해서다.

❷ **구성**– 기획을 바탕으로 프로그램을 어떤 내용과 어떤 순서로 만들지 구성한다. 글쓰

기라면 각 문단별 소주제와 문단 순서를 정하는 것과 같다.

❸ **섭외**– 구성에 맞춰 출연자 혹은 인터뷰 대상을 섭외한다.(대부분의 경우 방송 작가는 구성과 섭외 단계부터 피디를 도와 일한다.)

| **현장 촬영** |

❹ **촬영**– 구성안에 맞춰 현장에 가서 촬영을 한다. 구체적인 촬영은 카메라맨이 맡고 동행한 피디는 카메라맨에게 프로그램 내용과 촬영할 화면을 알려 줘 원하는 장면이 촬영되도록 한다.(여행 프로그램 등 일부 프로그램은 피디가 캠코더를 들고 직접 촬영하기도 하지만 일반적인 경우는 아니다.)

❺ **재구성**– 촬영해 온 내용에 맞춰 프로그램을 재구성한다. 아무리 완벽한 구성이라도 현장에 가 보면 상황이 바뀌었거나 더 풍성한 내용을 추가할 필요가 있기 때문에 많든 적든 재구성할 부분이 나오기 마련이다.

| **후반부 작업** |

❻ **편집**– 편집기를 이용해 촬영한 것을 편집한다. 촬영해 온 화면과 인터뷰를 적당한 길이로 이어 배열한다.

❼ **종합 편집**– 음악과 성우 등의 내레이션을 넣고, 자막을 넣고 화면을 꾸미는 '효과' 처리를 한다.

 **Tip3 연봉은?**

한국직업능력개발원의 '산업 직업별 고용 구조 조사'에 의하면 방송 연출가(피디)를 포함한 감독과 기술 감독의 종사자 수는 20,495명이며, 이 가운데 여성은 13퍼센트를 차지하고 있다. 학력 분포를 보면 대졸이 75.7퍼센트, 전문대졸 이하가 10.7퍼센트를 차지하고 있다. 정부가 조사한 공식 월 평균 임금은 347만 원이다.

하지만 방송사에 따라 피디의 연봉도 천차만별이다. 방송사는 지상파부터 케이블 방송,

위성 방송, DMB 등 다양하다. 이 가운데 지상파 방송 피디의 월급이 가장 많은데, 대기업 사무직보다 약간 더 높다. 일부 케이블 방송이나 소규모 프로덕션 피디의 월급은 100만 원을 조금 넘는 곳도 있다.

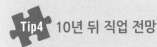 ## Tip4 10년 뒤 직업 전망

방송이 지상파뿐 아니라 케이블, 인터넷으로 영역이 넓어지면서 콘텐츠는 항상 필요하다. 최근에는 한류의 영향으로 프로그램의 해외 수출도 늘어나고 있다. 따라서 콘텐츠를 만드는 피디의 수요는 늘어나고 피디의 전문성도 더욱 강화될 것이다.

다만 방송사에 따라 피디의 보수와 대우는 양극화를 보일 전망이다. 중앙 방송과 지역 방송 등 지상파 방송은 공익성을 중시하면서 피디의 전문성과 처우는 현재 수준으로 유지될 것으로 예상된다. 반면 케이블 방송 등 기타 방송사 피디의 노동 여건과 보수는 상대적으로 낮을 수 있다.

전반적으로는 스타 피디들의 입지는 커질 것이고, 미디어 형태와 방송 기자재가 발달하면서 직종 간 경계도 일정 부분 허물어질 수 있다.(카메라맨이 '카메듀서'를 자처하며 직접 연출을 맡거나 피디가 직접 캠코더를 들고 촬영하는 프로그램이 늘고 있다.)

학교가 아니라 공장으로,
더 나은 삶을 위한 수단은 공부뿐

공인 회계사
도광록

1958년 경상북도 성주군에서 태어나 대구 칠성초등학교를 졸업
했다. 어려운 가정 형편 때문에 공장에서 일하며 중학교와 고등학
교 졸업 검정고시에 합격했다. 1977년 행정 공무원에 합격한 뒤
1979년에는 만 20세에 전국 최연소로 세무사 시험에 합격했다.
동아대학교 경영학과(야간)를 졸업하고 1986년 공인 회계사 시험
에 합격해 현재 '한빛 회계 법인' 대표로 재직 중이다. 동아대학교
경영학 석사, 울산대학교 경영학 박사를 수료했으며 저서로『부자
들만 알고 있는 세금 절약 테크닉』이 있다.

시험에 떨어지면 평생 공장에서 일해야 했습니다.

1년 반 동안 누워서 자지 않았어요.

공부가 생존 수단이었기에 열심히 공부하지 않을 수 없었습니다.

— 공인 회계사 도광록

누구나 일은 적게 하면서 돈은 많이 벌고 싶은 것이 솔직한 심정일 것이다. 그런 측면에서 본다면 공인 회계사 만한 직업은 드물 것이다. 공인 회계사는 대개 10년 차만 넘으면 억대 연봉을 받지만 집중적으로 일하는 시간은 상대적으로 적다. 공인 회계사는 (개업한 회계사를 기준으로 할 때) 1년에 네 달만 집중적으로 일하고 나머지는 여유롭게 일하거나 장기 휴가를 갈 수도 있다. 자격증만 있으면 개업하거나 회계 법인에 채용되기도 어렵지 않아 직업적 안정성도 높다. 게다가 국제적으로 통용되는 회계 기준이 적용돼 장래성은 더욱 높아졌다.

　'신의 직업'이 있다면 바로 공인 회계사가 아닐까 싶기도 하지만 세상에 장점만 갖춘 직업은 없을 것이다.

2000년 당시 우리나라 회계 법인 업계 2위였던 산동 회계 법인이 공중 분해되었다. 소속 회계사 수백 명도 뿔뿔이 흩어졌다. 산동 회계 법인은 대우 그룹의 회계 감사를 맡았던 법인으로 대우 그룹이 부도 처리된 순간 함께 퇴출됐다. 대우 그룹이 수출 대금 조작 등을 통해 수십 조 원을 분식 회계 처리하고 돈을 빼돌린 것을 눈감아 준 사실이 드러났기 때문이다. 대우 그룹에 돈을 빌려준 채권 은행과 대우 그룹에 투자했던 주주들은 '부실 회계 감사로 인한 피해를 보상하라.'며 회계 법인과 소속 회계사 열세 명에게 수십 억 원의 손해 배상을 청구했다.

2000년 미국의 스타 기업 엔론 사와 미국 최고의 회계 법인 아서앤더슨이 함께 파산했다. 엔론 경영진은 분식 회계를 통해 주가를 조작하고 많은 투자와 대출을 받아 엄청난 이익을 취했다. 부실 기업이 파산하자 회계 법인도 책임에서 자유롭지 못했다. 재무 상황을 감시해야 하는 회계 법인이 엔론 사로부터 거액의 수수료를 받고 부실하게 감사해 많은 투자자들에게 피해를 주었기에 민형사상 책임을 져야 했다.

회계 투명성에서 세계 최고라고 자부하던 미국은 이 사건을 계기로 2002년 강도 높은 부실 회계 방지법을 발효시켜 전 세계에 영향을 줬다. 우리나라도 유사한 법률을 도입하고, 2011년부터 국제 기준의 회계를 적용하기로 했다.

공인 회계사는 기업의 재무제표가 제대로 처리되는지, 기업의 가치가 적정하게 표현되는지 검증하는 역할을 한다. 투자자는 공인 회계사의 감사 의견을 믿고 재무제표를 활용해 투자를 한다. 만약 공인 회계사가 처리한 회계 감사와 보고가 부실한 것으로 확인되면 피해를 본 모든 주주에 대해 회계 법인과 회계사는 민형사상 책임을 져야 한다.

공인 회계사들이 가장 두려워하는 것이 바로 이와 같은 위험이다. 앞서 소개한 두 건의 사례처럼 회계사가 경영진과 짜고 비윤리적으로 감사한 경우는 더 말할 나위가 없고, 경영진이 고의적으로 회계사에게 특정 내용을 숨겨 재무제표에 과실이 드러나도 회계사들이 책임을 져야 한다.

마치 '신의 직업'처럼 보이는 높은 연봉과 직업적 안정성 뒤에는 신처럼 실수하지 않을 정도의 전문성이 요구되는 것이다. 그래서 숫자로 인한 스트레스가 가장 큰 직업이 공인 회계사다. 고등학교 수학책 뒷부분에 등장해 많은 학생들이 싫어하는 행렬과 통계, 이과생이 배우는 수학2의 벡터 부분도 공인 회계사의 업무와 연관된 내용이다. 회사의 회계 건전성을 감시하고 관리해 주는 자본주의의 파수꾼, 공인 회계사를 만났다.

도광록 회계사는 1986년 공인 회계사 시험에 합격해 현재 회계 법인 대표를 맡고 있다. 그는 자수성가한 사람으로 치면 단연 으뜸으로 만 18세에 공무원 시험에 합격하고 만 20세에 '전국 최연소' 세무사가 된 이력을 갖고 있다. 더욱 놀라운 사실은 당시 그가 중고등학교도 나오지 않은 초등학교 졸업자였다는 사실이다. 이후 27세에 공인 회계사 시험에도 합격해 오늘에 이르렀다. 시험의 달인이라고 할 만한 그의 비결은 무엇일까.

도광록 회계사는 대구에서 초등학교를 졸업한 뒤 중학교가 아니라 공장으로 가야 했다. 친구들이 학교에 다니던 6년 동안 그는 자동차 부품 업체에서 일했고 친구들이 대학 입시를 준비할 때 그는 뒤늦게 검정고시를 준비했다. 말 그대로 낮에는 일하고 밤에는 혼자 공부하는 주경야독을 해 중학교 졸업 검정고시와 고등학교 졸업 검정고시에 잇따라 합격했다.

한 계단씩 밟아 가면서 독학에 자신감이 붙자 그는 공무원 시험에 도전했다. 만 18세이던 1977년, 요즘의 9급 공무원 격인 행정 공무원 시험에 합격했다. 첫 발령지는 세무서였다. 이곳에서 어깨너머로 익힌 세무 지식을 바탕으로 그는 좀 더 어려운 시험에 도전해 보기로 했다.

"1977년에 현재의 9급 공무원에 해당하는 행정 공무원 시험에 합격해 세무서에 발령받았어요. 그런데 당시 월급이 제가 고향을 떠나 외지에서 혼자 생활하기에도 충분하지 않을 만큼 박봉이었어요. 반면 업무상 만나는 세무사들은 전문 지식을 이용해 조금만 일하고도 훨씬 더 많은 보수를 받더군요. 한 선배의 조언으로 당시 업무와 연관성이 높은 세무사 시험에 도전했죠."

1년 반 뒤 그는 세무사 합격 통지서를 받았다. 1979년 그가 세운 '만 20세, 전국 최연소 세무사 합격' 기록은 아직도 깨지지 않고 있다.

시험에서 떨어지면 평생 공장에서 일해야 한다

"저에게 공부는 생존 수단이었습니다."

초등학교 졸업자가 혼자 공부해 검정고시와 공무원 시험, 세무사 시험에 잇따라 합격하는 것이 쉽지 않았을 것 같다고 말하자 그는 이렇게 설명했다.

"초등학교만 졸업하고 자동차 부품 공장에서 6년 동안 쇠를 깎는 일을 했어요. 일은 힘든데 전문 기술자가 아니니까 월급은 쥐꼬리였어요. 남들이 당연하게 생각하는 중고등학교 졸업장을 따고 생활이 가능한 직업을 가지려면 공부를 해야 했죠. 시험에 떨어지면 계속 공장에서 일해야 한다는 절박함 때문에 '열심히' 하지 않을 수 없었습니다. 공부가 아니고는 일정한 사회적 위치에 올라갈 수도 없었어요. 흔히 말하는 신분 상승, 더 나은 인생을 살 방법은 공부밖에 없었지요."

공부 비법에 대해 묻자 그는 "그저 절박한 마음으로 열심히 했다."고만 답했다. 재차 캐물었더니 그는 쑥스러운 표정으로 공부 방법을 털어놨다.

"잠도 안 자고 공부했습니다. 정확히 말하면 시험을 앞두고 바닥에 누워 잠을 자 본 적이 없어요. 짧은 시간 집중해서 공부를 마친다는 원칙을 세웠습니다. 부모님의 뒷바라지는 당연히 꿈도 못 꿨고 어린 제가 가족의 생계비를 벌어야 했기에 오랜 시간을 들여 여러 번 시험을 준비할 수 있는 여건이 안 됐어요. 낮에는 일하고 밤에만 공부했지만 한 번에 합격해야 했어요. 시험을 준비할 때는 1년 반 동안 누워서 자지 않았어요. 잠을 자도 하루 네 시간 이상 자지 않았고 수행자들이 가부좌를 틀고 수행하듯이 책상 앞에 앉아서 잠을 잤어요. 이보다 2년 전 공무원 시험을 준비할 때는 합격하지 못하면 공장에서 평생 일해야 했습니다. 세무사 시험을 칠 때는 다음 해 곧바로 군에 가야 했기에 제대한 뒤 다시 공부할 수 있는 여건이 안 됐어요."

그는 세무사 시험에 합격한 뒤 인생에서 처음 여유를 가지게 됐다. 군 복무를 마치고 만 스물세 살이 되던 해 본격적으로 세무사로 일을 시작했다. 지금까지 그에게 공부는 '먹고사는 문제를 해결해 주는 수단'이자 '신분 상승의 도구'였다. 하지만 경제적 여유가 생기자 처음으로 학문적 욕구를 충족하기 위한 목적으로 공부를 해 보고 싶었고 뒤늦게 대학의 경영학과에 입학했다. 그토록 다니고 싶었던 학교, 갈망했던 공부였기에 어린 동기들 사이에서도 신나게 공부할 수 있었고 야간 대학 4학년 때에는 공인 회계사 시험에 응시해서 한 번에 합격했다. 그로서는 처음 제대로 된 기반 위에서 준비한 시험이어서 이전 시험들과 비교하면 공인 회계사 시험이 가장 쉬웠다.

"당시 전국적으로 합격자 수는 136명이었는데 세무사 시험을 공부했던 바탕도 있고 대학 전공 공부도 한 터라 그리 어렵지는 않았어요."

정규 교육을 받은 것은 초등학교를 졸업한 게 전부였지만 만 스무 살에 최연소 세무사가 된 데 이어 다시 야간 대학에 다니는 동안 공인 회계사 시험에 합격한 것이다. 그 후 어릴 때 못한 공부에 대한 한을 풀기라도 하듯 경영학 석사와 박사 과정까지 공부했다.

기업의 투명성을 높이는 자본주의의 파수꾼

공인 회계사가 하는 일에 대해 묻자 그는 다음과 같은 일화를 들려주었다.

1999년 한 40대 남성이 도광록 회계사를 찾아왔다. 의뢰인은 이혼을 하게 되면서 부인이 자녀를 키우기로 했고 대신 자신 명의의 상가 건물을 부인 명의로 소유권을 이전해 주었다. 그런데 3억 원이라는 뜻밖의 양도세 납부 고지서가 나오자 놀라서 찾아온 것이었다.

민법에는 가정의 재산이 남편 명의로 되어 있더라도 남편이 결혼 후 사회 활동을 하는 동안 형성된 것이라면 아내의 뒷바라지를 인정한다. 따라서 부인은 이혼할 때 '재산 분할 청구권'을 인정받아 일부 재산을 받을 수 있다. 의뢰인이 만약 이혼하면서 '재산 분할 청구에 의한 소유권 이전'이라는 규정을 적용해 부인에게 상가 건물을 넘겨주었다면 기본적인 취득세와 등록세를 제외하고는 추가로 세금을 납부하지 않는다. 그러나 이 부부는 '이혼으로 인한 위자료'로 처리하는 바람에 추가로 3억 원의 세금을 부담하게 된 것이다.

의뢰인은 다른 부동산도 많았기에 이혼하면서 부인에게 상가 한 채를 준 것은 명백한 '재산 분할'이었다. 하지만 그 의뢰인은 세법의 차이를 잘 몰랐기에 자신에게 불리하게 처리했고 세무서에서도 기계적으로 처리해 3억 원을 과세한 것이었다. 의뢰인은 도광록 회계사의 자문을 받아 불복 청구와 소송을 해 3억 원의 세금을 내지 않을 수 있었다.

"이혼할 때 위자료를 어떻게 지급하느냐에 따라 세금이 달라집니다. 부동산을 '재산 분할'로 처리하면 세금이 없고 '위자료'로 지급하면 세금이 더 나옵니다. 위자료도 부동산이 아니라 현금으로 지급하면 아무런 세금이 없어요.

어쨌든 의뢰인들이 부당하게 낼 뻔했던 세금을 바로잡았다는 것이 보람이죠. 이 사건의 경우에는 후일담도 기억에 많이 남아요. 의뢰인은 세금 문제도 해결했지만 이 문제를 논의하는 과정에서 전처를 자주 만나게 되면서 재결합했다고 인사를 해 왔어요. 전문 지식이 사람들에게 도움이 되는 것을 보는 것이 제일 큰 보람이죠."

회계사는 회계 지식을 통해 개인이나 기업들의 재무 상태를 돕는 일을 한다. 작게는 개인의 세금 문제나 기업의 재무 상태를 개선하는 것을 도와주지만, 크게는 기업의 투명성을 높여 자본주의 시장이 제대로 기능하도록 한다.

일정 규모 이상의 기업은 외부인인 공인 회계사의 회계 감사를 받아 재무제표 보고서를 공개해야 한다. 기업 경영자는 재무제표를 통해 자신의 기업 가치가 높다는 것을 시장에 알리고 투자자의 투자를 받을 수 있다. 그런데 만일 비윤리적인 경영자가 재무제표를 조작해 부채를 은폐하고 자산은 부풀리는 분식 회계를 한다면 투자자들은 잘못된 회계 상황을 믿고 투자하게 되고 결국 큰 손해를 보게 된다. 따라서 재무제표의 신뢰성을 높여 자본주의 시장이 제 기능을 할 수 있도록 하는 중요한 제도가 바로 공인 회계사의 외부 감사다. 공인 회계사가 '적정'하다고 의견을 낸 재무제표는 신뢰할 수 있다는 신호이며 투자자는 공인 회계사의 감사 의견을 믿고 투자한다.

"가장 주된 업무는 기업체의 회계 감사입니다. 회계사들은 의뢰 대상 기업에 대한 중요한 재무 사항을 투자자들에게 알리도록 법적으로 명시돼 있습니다. 예를 들어 한번은 감사의 대상인 한 기업에서 제품을 기한 내에 선적하지 못해 우발채무(특정한 상황에 갚아야 할 부채로 투자자들에게 반드시 공개해야 함.)가 발생했는데, 회사 측에서 회계사인 저에게 알려

주지 않아 보고서에 누락할 뻔한 경우가 있었어요. 이럴 때는 투자자들에게 회계사가 손해 배상 소송을 당할 수 있죠. 고의든 실수든 부실 회계라는 결과는 동일하기 때문에 더 주의해야 합니다."

공인 회계사가 되면 변호사의 로펌처럼 대형 회계 법인에 소속돼 일하기도 하고, 직접 개업하기도 한다.

"대형 회계 법인에서 일하면 대학에서 배운 내용을 다양하게 활용할 수 있는 장점이 있고 개인으로 개업하면 시간적으로 여유가 많습니다."

공인 회계사들의 업무는 연말부터 연초에 몰린다. 가장 대표적인 업무가 기업체의 회계 감사이다. 회계 감사는 1년 동안 회사의 경영 성과를 재무제표로 만들어 감사 보고서를 만드는 것이다. 회사들이 12월 말 기준으로 제무제표를 만들어 회계사에게 제출하기 때문에 회계사들은 매년 12월부터 다음 해 3월까지가 가장 바쁘다. 반면 나머지 기간에는 업무에 여유가 있다. 그래서 개업한 회계사들은 4월부터 11월까지는 의뢰인을 상담하는 일을 하지만 상담 일정만 조정하면 장기 휴가를 떠날 수 있을 정도로 여유롭게 생활할 수 있다.

"평소에는 의뢰인과 상담하는 일을 주로 합니다. 평소에는 바쁘지 않지만 일이 몰릴 때도 있어요. 회계 감사가 연초에 있어 우리도 매년 초부터 3월 말까지가 가장 바쁩니다. 이밖에도 재무와 관련해 경영 컨설팅을 하거나 기업 합병 등도 맡습니다. 기업의 세무 관리를 대리하는 것이 가장 큰일입니다."

회계사의 구체적인 업무를 살펴보면 다음과 같다.

첫째, 대상 기업에서 작성한 재무제표가 적절한지 감사하고, 감사 보고서를 작성하고 개선하기 위한 권고안을 만드는 것이다.

둘째, 기업의 재무 관리와 판매 정책 등이 효과적인지 보고 경영 전략과 기업 합병 등에 대한 경영 자문 업무를 수행한다.

셋째, 납세 신고서를 작성하는 등 납세 업무를 대행하고 세금에 대한 상담과 세무 소송 등을 대리한다.

공인 회계사의 장점은 경제력과 시간적 여유가 보장된다는 것이다. 초임 회계사는 연봉이 5000만 원 정도이고, 10년 차가 넘으면 1억 원 이상 벌 수 있다. 연중 집중적으로 일하는 기간을 제외하면 여가를 자유롭게 쓸 수도 있다. 자격증으로 보호받고 전문 지식을 가진 직업이라는 점도 큰 장점이다.

"납세는 국민의 4대 의무 가운데 하나이지만 때론 세금이 잘못 부과되기도 합니다. 가령 기업체가 세금을 100만 원만 납부해도 되는데 150만 원을 내라고 통보받았다면 억울한 일이지요. 회계사가 관련 조항을 찾아내 100만 원을 내도록 도와준다면 의뢰인도 기쁘고 회계사도 보람된 일이죠.

회계사는 기업의 부정이나 오류를 막고 사회를 투명하게 만드는 데 기여하기도 합니다. 또 기업이나 개인이 은행에 돈을 빌려야 할 때 대출 기준에 맞출 수 있도록 재무 상황을 지도하거나 보증 근거를 만드는 일도 합니다."

직업적인 단점이 있다면 부실 감사에 대한 위험이나 유혹이 상존하는 것이다. 이런 위험 때문에 회계 법인의 부실 감사를 막기 위해 피해자들을 위한 집단 소송제가 있다. 따라서 회계 법인은 부실 감사를 막으려고 자체 심사를 벌인다. 회계사들은 증시에 상장한 법인이나 일정 규모 이상의 법인을 대상으로 실시한 회계 감사 결과를 3월까지 제출하는데, 감사에서 '부적정' 판정을 받은 회사는 증시에서 퇴출되고 상당수는 부도로 이어진다. 이 때문에 관련 기업체들은 '부적정' 판정을 받지 않기 위해 회계사를 위협하거나 읍소하기도 하고 일부는 아예 고의적으로 부실을 숨기기도 하는데 회계사는 이런 과정에서 어려움을 겪는다.

"숫자로 인한 스트레스가 큽니다. 때론 인간적 갈등도 생깁니다. 일부 기업에서는 아직도 분식 회계를 요구하기도 하는데 원칙을 지키기 위해 거절은 하지만 쉽지는 않죠. 때론 회계사들이 아무리 열심히 해도 회사가 조직적으로 공모하면 분식 회계를 찾아내기가 쉽지 않아요. 피해를 본 주주들은 회계사에게 민형사상 책임을 요구하고 집단 소송을 하기도 합니다. 회계 법인은 문제의 소지가 있는 기업에 대해서는 회계 감사 요구를 거절하고, 혹시 있을지 모를 손해 배상 소송에 대비해 보험에도 들어 둡니다."

공인 회계사가 되려면 공인 회계사 시험을 통과해야 하며 대학에서 회계학과 경영학, 경제학 등과 같은 관련 학문을 전공하면 유리하다. 적성은 문과 계통이지만 수학을 잘해야 하고 행렬과 확률, 벡터 등이 실무와 연관된다. 회계 관련 서류들을 검토하고 계산상의 오류를 잡아낼 수 있는 수리 능력과 분석력, 꼼꼼함이 필요하고, 회계학과 회계 감사, 재무관리 등 관련 법규를 이해할 수 있는 능력과 판단력이 필요하다. 다양한 고객을 상대하기 때문에 원만한 대인 관계 능력도 갖추어야 한다. 대형 회계 법인에서 근무할 경우 영어 실력도 중요하다.

"후배들에게 돈을 벌기 위해 회계사가 되지는 말라고 합니다. 공인 회계사는 '자본주의의 파수꾼'이라는 소명 의식이 있어야 합니다. 합격해도 돈부터 벌려고 생각하지 말라고 강조합니다. '인간되는 법을 먼저 배워라, 그러면 돈이 따라오더라.'고 말하죠. 단기적으로 돈을 벌려고 하지 말고 정도를 걷다 보면 성공합니다. 유혹도 많기 때문에 불법과 타협하지 말아야 합니다.

또 공인 회계사 준비생들에게는 오래 공부하지 말라고 합니다. 2~3년 정도 공부하다 안 되면 다른 길로 가라고 하죠. 안 되면 포기할 줄도 알아야 합니다. 고시 폐인되는 사람도 많이 봤어요."

어려운 여건에서도 뜻을 이루기 위해 잠도 앉아서 자며 공부했다는 도광록 회계사. 그의 삶은 그 자체로도 많은 사람들에게 희망과 감동을 준다.

 Tip1 어떻게 공인 회계사가 되나?

공인 회계사가 되기 위해서는 금융감독원에서 시행하는 공인 회계사 시험에 합격해야 한다. 공인 회계사 시험은 2007년부터 회계학과 세무 관련 과목(12학점), 경영학 과목 (9학점), 경제학 과목(3학점) 등을 24학점 이상 이수한 사람에 한하여 응시 자격을 부여하기 때문에 대학에서 경영학, 경제학, 회계학을 전공하면 자격증을 취득하는 데 유리하다. 평생교육법상 평생교육시설과 평가인정 교육훈련기관에서 해당 과목의 학점을 이수해 한국교육개발원에서 학점을 인정받는 방법을 통해서도 학점을 취득할 수 있다.

문과 계열이지만 실제 업무는 수학과 관련성이 높고 대학 전공은 경영학, 경제학과 밀접하다. 실제 합격자는 90퍼센트 이상이 경영 대학 출신이다. 시험 과목은 회계학 과목(회계 이론, 재무 회계, 원가 회계, 회계 감사)과 경영학, 영어(토익 720점 이상), 상법 등이다.

관련 기관: 금융감독원(www.fss.or.kr), 한국공인회계사회(www.kicpa.or.kr)

Tip2 연봉은?

직업능력개발원의 '산업 직업별 고용 구조 조사'에 의하면 회계사는 17,139명이며, 이 가운데 여성은 13.7퍼센트를 차지하고 있다. 학력 분포는 대졸이 86.2퍼센트, 석사 이상이 11.8퍼센트이며 정부가 조사한 전체 회계사의 공식적인 월 평균 임금은 480만 원으로 나타났다. 공인 회계사들에 따르면 신입 회계사는 연봉이 5000만 원, 10년 차가 넘으면 평균 1억 원 이상을 받는다.

Tip3 10년 뒤 직업 전망

공인 회계사는 갈수록 수요가 많아져 직업적 전망이 밝다. 경제가 성장함에 따라 기업 환경이 복잡해지고 회계 감사의 중요성이 커지고 있기 때문이다. 일정 자산 규모 이상 기업들은 외부 감사인의 분기별 재무제표 감사가 의무화됐고 글로벌 경영으로 인한 합병과 인수 등도 늘어나는 추세이며, 2011년부터 국제 회계 기준도 국내에 도입됐다. 당분간 공인 회계사는 고용과 보상, 직업적 안정성, 전문성, 발전 가능성이 모두 증가할 것으로 보인다.

호텔 객실 직원에서
총지배인의 자리에 오르다

호텔리어 이영재

1960년 전북 부안에서 태어나 세종대학교 관광 경영학과를 졸업
했다. 이후 경희대학교 관광 경영학 석사, 경기대학교 관광 경영학
박사 학위를 받았다. 1986년 롯데 호텔 객실에 입사하며 호텔리어
로 입문했다. 2008년 롯데 호텔 울산 총지배인이 되었으며 현재
롯데 호텔 제주 총지배인으로 재직 중이다.

사람은 자기가 꾸는 꿈에 따라 인생이 달라집니다.

저는 호텔에서 일하는 것이 꿈이었고

신입 사원에서 시작해 총지배인의 자리까지 왔습니다.

— 호텔리어 이영재

호텔리어에 대한 가장 큰 오해는 서비스직에 대한 편견에서 비롯된다. 상당수 사람들은 호텔리어 같은 서비스직은 '아무나 할 수 있고, 특별한 교육이 필요 없고, 그저 손님에게 인사 잘하면 된다.'고 여긴다. 하지만 호텔에서 고객들에게 제공하는 품격 있는 서비스는 '아무나' 할 수 있거나 '하루아침'에 배울 수 있는 것이 아니라 '글로벌 스탠더드'이다.

대형 호텔에서는 직원을 뽑을 때 최종 면접에서 다수의 면접관들이 한 명의 구직자를 심사하고, 합격자들을 상대로 다시 인턴 과정을 거쳐 평가하고, 이후에도 또다시 몇 개월 더 훈련시킨 뒤에야 비로소 현업에 투입한다. 이 모든 과정을 거친 사람만이 '호텔리어'로 불린다.

이영재 총지배인은 만 48세인 2008년에 호텔의 총지배인이 됐다. 그는 호텔 객실부 말단 직원으로 입사해 '호텔리어의 꽃'이라는 총지배인 자리에까지 오른 입지전적인 인물이다.

그는 현재 국내 외에 일곱 개 호텔을 가진 대형 호텔에서 근무 중이다. 이 회사의 전체 직원 4,000여 명 가운데 총지배인은 일곱 명에 불과할 정도로 총지배인 자리에 오르기는 쉽지 않다. 말단에서 출발해 총지배인이 된 사람은 역대 총지배인을 다 합쳐도 세 명에 불과하고, 더구나 관리직이 아니라 서비스 현업자인 영업직 출신으로 총지배인이 된 사람은 이영재 총지배인이 첫 번째다.

투숙객이나 식사를 하러 가는 손님들의 눈에 비치는 호텔은 항상 조용하고 여유롭다. 하지만 물 위에서 우아하게 떠 있는 백조가 물 아래에서는 부지런히 물갈퀴를 젓듯이 대형 호텔은 수백 명의 호텔리어들이 조용하지만 분주하게 일하는 공간이다.

이영재 총지배인은 마치 교향악단의 지휘자처럼 호텔이라는 소리 없는 오케스트라를 지휘하는 중심에 있다. 인터뷰를 위해 처음 만난 그에게서는 뒤에서 소리 없이 일을 챙기는 사람의 조용한 여유가 느껴졌다. 그에게서는 26년 동안 서비스직 현장에서 다져진 '서번트(servant) 리더십'에 대한 철학과 자신감이 배어났다.

호텔 영업직 사원에서 총지배인이 되기까지

그는 고 3이 될 때까지 뚜렷한 장래 희망이 없었다. 부모님은 조용한 성품인 그가 사범 대학이나 교육 대학 쪽으로 진학해 교사가 되기를 바랐다. 하지만 그는 평범한 일은 하고 싶지 않았다. 그래서 고등학교 3학년 때 호텔리어를 선택했다.

당시 담임 선생님은 장래성이 높다며 경영학과를 추천했다. 그는 경영학과를 찾아보던 중 희소성이 있고 차별화된 관광 경영학과에 눈길이 갔다. 당시만 해도 관광 경영학과가 있는 대학은 전국에서 단 두 곳뿐이었다. 그중에서 신입생의 3분의 1에게 장학금을 주는 등 전폭적으로 지원해 주었던 대학에 입학한 뒤 관광 경영학과를 전공으로 선택해 호텔리어가 될 준비를 시작했다. 하지만 서비스직에 대한 편견이 심해 처음에는 주변에서 반대가 심했다.

"사람들은 흔히 서비스직은 특별한 교육이 필요 없고 아무나 할 수 있고, 그저 손님들에게 인사 잘하고 비위만 잘 맞추면 된다고 생각하지요. 심지어 일부 손님들은 호텔 직원에게 하대해도 된다고 생각하기도 합니다. 제가 호텔리어를 선택했던 당시에는 이런 편견이 더 커서 부모님과 담임 선생님부터 반대하셨죠. 1970년대 말 당시 우리나라에서는 대형 호텔이 처음 생겨나 체계적으로 운영되기 시작했고 저는 산업화가 진행될수록 경영학이 중요하고, 여가 산업이 중요해질 것이라고 생각했어요. 그래서 그때부터 호텔리어가 되겠다고 결심하고 한 우물을 판 셈이죠. 저는 그런 확신이 있었기 때문에 학부를 마친 뒤 호텔에 입사했고, 그 후 대학원 석사와 박사 전공도 호텔 쪽만 했어요."

이영재 총지배인은 대학을 졸업하고 현재 재직 중인 회사에 공채로 합격했다. 함께 호텔에 입사한 동기 스물세 명은 대부분 관리직으로 배치됐고 그를 포함한 두 명만 영업직으로 발령을 받았다. 호텔 영업직은 객실부나 식음료부, 데스크 담당 등으로 나뉘는데 객실 예약이 그가 처음 맡은 업무였다. 그는 주어진 일은 뭐든지 열심히 했고 업무 능력을 인정받아 꾸준히 승진했다.

2000년 6월 역사적인 남북 정상 회담이 열렸을 때 정부는 전 세계에서 몰려든 기자들을 위한 공식 프레스 센터를 서울의 한 호텔에 마련했는데 당시 이영재 씨는 객실 과장을 맡고 있었다. 그는 하루에도 몇 차례씩 공식 브리핑을 위해 객실을 찾는 정부 고위 관계자들을 의전하고 수시로 들락거리는 기자들과 다른 나라 외교관들의 체크인과 체크아웃 등과 같은 숙박 사항을 연결하고 중간 관리자로서 실무를 챙겼다.

그는 영업 직원으로 현업에서 최선을 다하는 한편 바쁜 시간을 쪼개 공부도 계속했다. 입사 2년 차인 1987년 관광 경영학 석사 학위를 땄고, 다시 10여 년 뒤인 1999년 관광 경영학 박사 학위도 땄다. 실무와 이론으로 무장하면서 그룹 전체의 직원 인성 교육을 맡기도 했다. 이후 승진을 거듭해 입사 24년 만에 마침내 총지배인 자리에 올랐다. 영업직 신입 사원에서 총지배인의 자리에 오른 첫 사례여서 더 큰 주목을 받았다고 한다.

"호텔리어들 사이에서는 총지배인이 사장보다 자부심이 더 높습니다. 사장은 최고 경영자로서 경영에 주력하기 때문에 고객들과 직접 부대끼며 할 수 있는 역할은 없죠. 총지배인은 영어로 '제너럴 매니저(general manager)'라고 하는데 이 말처럼 총지배인은 서비스의 충실한 매니저이고 최고위 서비스 매니저입니다. 따라서 실무적인 측면에서는 고객들을 더 잘 이해할 수도 있고, 직원들의 애환도 많이 알고 공유할 수 있는 자리입니다."

호텔은 차분해 보이지만 역동적인 곳

호텔리어가 하는 일은 고객이 편안하고 만족스럽게 머물도록 하는 것이다. 직원들의 업무는 철저히 분업화돼 있는데 객실 부문(예약부터 체크인, 체크아웃 담당), 식음 부문(뷔페, 양식당 관리), 조리 부문, 시설 부문(시설물 유지와 보수), 재경 부문, 영업 지원 부문 등으로 나뉜다. 호텔이 24시간 운영되기 때문에 직원들은 3교대 근무로 일한다. 낮 근무는 오전 9시부터 오후 6시까지가 기본이지만 한두 시간씩 더 일하기도 한다. 총지배인은 손익과 서비스에 균형을 맞춰 최적의 호텔이 되도록 운영을 총괄한다.

호텔에서 일하는 호텔리어의 자질은 '고객 지향적 사고'가 핵심이다. 호텔은 많은 사람들이 묵는 만큼 다양한 돌발 상황이 벌어지기 마련이다. 그렇기 때문에 어떤 상황에서도 고객을 중심에 놓고 서비스할 수 있어야 한다. 이영재 총지배인은 26년 동안 호텔에 머물면서 호텔리어의 봉사 정신과 서비스 정신이 빛난 에피소드를 여러 차례 경험했다.

한번은 외국인 투숙객이 중요한 사업상의 약속을 앞두고 호텔을 나서는데 구두끈이 끊어졌다. 이른 아침이어서 문을 연 구두 가게가 없다는 설명에 손님은 당황했다. 호텔 직원이 순간 기지를 발휘해 자신의 구두끈과 손님의 구두끈을 맞바꿔 줬다. 그 손님이 감동한 것은 두말할 나위가 없다.

몸이 불편한 할머니 한 분이 비행기 시간이 촉박한 상황에서 체크아웃을 했다. 할머니는 빨리 걸을 수가 없어 리무진 버스를 놓칠 것 같았다. 호텔 직원이 할머니를 업고 버스 정류장까지 뛰어 정차한 리무진 버스에 타도록 도왔다. 결국 할머니는 제시간에 공항에 도착할 수 있었다.

고혈압 증세가 있는 외국인 손님이 호텔 내 사우나에서 갑자기 실신했다. 직원이 심폐 소생술을 해 위기를 넘겼는데 몇 분 뒤 도착한 구급 대원은 '응급조치가 조금만 늦어졌으면 돌이킬 수 없을 뻔했다.'고 말했다. 그 손님은 이후에 감사 편지를 보내왔고 평생 고객이 됐다.

지금 생각해도 아찔한 대형 사고를 직원의 꼼꼼함 덕분에 가까스로 모면한 상황도 있었다.

"오래전에 중요한 입찰을 앞두고 경쟁 회사 직원들이 같은 날 우리 호텔에 묵게 됐습니다. 양쪽 회사 직원들은 소속 회사에서 팩스로 보내온 서류를 동시에 갖다 달라고 했어요. 두 개 회사 서류가 한꺼번에 오는 바람에 서류를 분리하는 과정에서 혼선이 빚어졌죠. A사의 서류 중 몇 장이 경쟁사인 B사 서류에 섞여 전달됐는데, 마지막 순간 최종적으로 전달하던 직원이 발견해 간신히 바로잡을 수 있었습니다. 작은 실수가 큰 문제로 이어질 수 있었던 아찔한 상황이었죠. 요즘은 노트북과 이메일이 있어 이런 상황은 걱정할 필요가 없어졌지요. 하지만 호텔리어에게는 고객의 일이라면 작은 부분도 꼼꼼하게 챙기는 자세가 필요합니다."

최근 상당수 호텔에서는 호텔리어를 채용할 때 학력을 제한하지 않고 필기시험을 없앴다. 대신 서류 전형과 면접만으로 선발한다. 단순한 실력보다는 인성과 품성을 중시하기 때문이다.

"여러 손님들이 원하는 것은 다를 수 있기 때문에 우리들은 동시에 고객들을 상대할 수 있는 능력과 인성이 필요합니다. 실력도 필요하지만, 인성을 더욱 중시합니다. 호텔리어는 많은 사람에게 거부감 없이 받아들여져야 하고 원만한 대인 관계 능력을 갖추어야 합니다."

호텔리어에 대한 관심이 높아져 경쟁률은 대부분 수십 대 1인데 서류 전형을 통과하면 면접이 당락을 가른다.

"지원자가 '고객 중심적 사고'를 갖추었는지 봅니다. 바꿔 말하면 면접에서는 '면접관 중심 마인드'를 가져야 하죠. 자기소개서부터 정성껏 작성해야 합니다. 소개서에 자신이 침착하다고 말한 구직자는 면접관이 다 그칩니다. 그때 구직자가 당황한 기색을 보이면 침착하지 않은 것이죠. 또 성실하다고 말한 구직자에게는 성실한 것이 무엇인지 증명해 보라고 합니다. 대충 얼버무리고 넘어가면 성실하지 않은 것이죠. 성실하다면 면접에서도 끝까지 노력하는 자세를 보여야 합니다. 즉 자기소개서의 내용과 면접에서의 태도가 일관성이 있어야 합니다. 속이지도 못해요. 면접관 세 명이 30분 동안 한 명을 대상으로 심층 면접하기 때문에 지원자의 평소 성격이 훤히 드러납니다. 더구나 합격 후에도 1년 동안 인턴 과정을 거치기 때문에 적합하지 않은 사람은 걸러집니다."

투숙객 대부분이 외국인이기 때문에 외국어 실력도 중요하다. 영어는 기본이고 일본어나 중국어를 잘하면 유리하다. 기본적인 컴퓨터 능력도 본다. 호텔 업무가 대부분 컴퓨터로 처리되기 때문이다. 외향적 성격이 유리하지만 분야에 따라 다소 차이가 있다. 객실 예약 업무는 내향적이고, 영업 지원 업무는 외향적이어서 다소 '양면적'인데 기본적으로 호텔리어에게는 원만한 대인 관계가 중요하다.

글로벌 스탠더드, 세계 문화를 접한다

호텔리어의 장점을 물으니 세계 문화를 배우고 세계적 기준과 시각을 배울 수 있다는 것을 첫 번째 장점으로 꼽았다.

"호텔리어는 굳이 세계를 여행하지 않더라도 세계 문화를 알 수 있죠. 세계 각지에서 오는 손님들을 통해 세계적 마인드를 배울 수 있어요. 저도 러시아 어와 중국어, 이탈리아 어는 손님들로부터 기본적인 인사를 배웠습니다. 호텔에서 일하면 글로벌 스탠더드를 가질 수 있죠."

두 번째로 호텔리어는 서비스직이지만 품격이 있다고 한다. 호텔에 오는 손님들은 아프고 힘든 사람보다는 대부분 사업하러 오거나 여가를 즐기기 위해 오는 사람들이다. 이런 사람들을 즐겁게 하는 것도 보람이지만 호텔리어 자신도 즐겁고 품격을 높일 수 있다고 강조한다.

마지막으로 근무 환경이 위생적이고 쾌적하다. 호텔은 사시사철 24도 정도의 상온을 유지하고 항습이 유지된다. 호텔리어들은 대부분 피부가 좋고 어리게 보이는 동안이 많은데 근무 환경이 좋기 때문이라고 한다.

단점이라면 남들이 쉴 때 일하고 남들이 일할 때 쉰다는 것이다.

"손님들을 즐겁고 행복하게 하려면 우리는 바빠야 합니다. 호텔리어는 다른 사람들이 쉴 때 바쁘고 사람들이 일할 때 한가하죠. 휴가철이나 크리스마스, 연말연시가 가장 바쁩니다. 하루를 놓고 보더라도 호텔 직원들은 오후 3시에서 6시 사이가 가장 한가하고, 손님들이 저녁을 먹기 시작하는 6시 이후부터 다시 바빠지죠. 남들과 생활 패턴이 정반대입니다."

때로는 서비스를 하는 것 자체가 스트레스가 될 수 있다. 특히 여러 손님들이 원하는 취향이 다른데 동시에 만족시켜야 하는 것이 가장 어려운 과제라고 한다.

"사람은 자기가 꾸는 꿈에 따라 인생이 달라집니다. 저는 호텔에서 일하고 싶었고 신입 사원부터 시작해 총지배인이라는 자리까지 왔습니다. 어떤 직업이든 열심히 하면 인정받게 됩니다. 또 어느 조직이든 최선을 다하면 좋은 결과를 얻게 됩니다. 직장인이라면 회사에도 심장과 머리가 있다는 생각으로 행동해야 합니다. 회사는 정확하게 평가합니다. 평상시 함께 근무하는 동료들이 나를 알고, 고객들이 나를 알죠. 회사는 나의 능력과 평판, 고객 반응을 종합해 결정적인 순간 냉정하게 평가합니다. 손님 한 명 한 명에게 최선을 다하고 작은 일에 최선을 다하면 인정받을 수 있습니다."

주위의 반대를 무릅쓰고 호텔리어로 성공한 이영재 총지배인의 비결은 분명하다. 첫째 자신이 좋아하는 직업을 선택한 것, 둘째 손님 한 명 한 명에게 최선을 다한다는 신념을 20년 이상 실천한 것이다.

Tip1 어떻게 호텔리어가 되나?

상당수 호텔이 공채로 호텔리어를 선발한다. 검증된 인턴을 신입 사원으로 채용하려는 경향이 많아 인턴 경험을 쌓으면 유리하다. 관련 학과는 관광 학과와 호텔 경영학과이다. 하지만 학력 제한을 없애고 서류 전형과 면접으로 선발하는 호텔들이 많다.(학력 제한이 없어도 실제로는 대졸 출신이 많이 선발된다.) 또 심층 면접을 거쳐 선발한 뒤에도 인턴 과정을 거치는 곳이 많다.

관련 기관: 한국관광공사(www.visitkorea.or.kr), 한국관광호텔업협회(www.hotelskorea. or.kr), 한국관광호텔&리조트경영인협회(www.hotelkorea.or.kr)

Tip2 연봉은?

한국직업능력개발원의 '산업 직업별 고용 구조 조사'에 따르면 호텔 지배인 등 숙박 관련 관리자 수는 5,864명이고 전체 가운데 여성의 비율은 8.8퍼센트이다. 학력별로는 대졸이 62.3퍼센트, 고졸이 18.5퍼센트, 전문대졸이 13.9퍼센트이며 이들의 월 평균 임금은 580만 원이다. 일반적으로 호텔에 입사한 정규직의 초임은 연봉 2000만 원 선이다.

Tip3 10년 뒤 직업 전망

소득 수준의 향상과 주 5일 근무제 확산으로 관광과 국제 교류에 대한 수요가 늘어나고 있다. 따라서 호텔리어의 고용은 늘어나고 근무 여건도 개선될 것으로 전망된다. 하지만 최근 호텔리어 채용 시 학력 제한을 두지 않는다는 점에 주목할 필요가 있다.(일반적으로 채용 시 자격 요건이 완화되면 지원자 간의 경쟁은 커지고 처우는 나빠질 가능성이 있다.) 호텔 간 경쟁이 심화되면서 호텔리어의 보수와 전문성 등 근무 여건은 호텔 규모에 따라 차이가 커질 전망이다.

노근리 사건의 진실을 밝혀
한국인 최초로 퓰리처상을 수상하다

기자 최상훈

1962년 울산에서 태어나 영남대학교 경제학과와 한국외국어대
학교 통번역 대학원을 졸업했다. 1991년《코리아 헤럴드》에 입
사하면서 기자로 입문했고 1994년에《AP 통신》으로 이직했다.
《AP 통신》에 재직 중이던 2000년에 노근리 사건 보도로 한국인
으로서는 최초로 탐사 보도 부문 퓰리처상을 수상했다. 2005년
부터《인터내셔널 헤럴드 트리뷴》에서 한국 특파원으로 근무 중
이다. 저서로『한국 전쟁의 숨겨진 악몽, 노근리 다리』와『How
Koreans Talk』가 있다.

끈기는 창의력이 없는 사람들의 차선책으로

생각하는 사람들이 많지만, 천재나 성공한 사람도 자세히 보면

성실함과 꾸준함이 바탕인 경우가 대부분이더군요.

— 기자 최상훈

영화와 드라마 속에 자주 등장하는 기자의 유형은 두 가지로 구분된다. 하나는 영화 「로마의 휴일」에 나오는 신문 기자 '조'(그레고리 펙)이다. 그는 특종을 위해 '앤' 공주(오드리 헵번)에게 데이트를 가장해 접근하고 베일에 쌓인 공주의 하루를 사진에 담지만 기자 회견장에서 공주에게 모든 사진을 넘겨주며 진정한 신사로 남는다.

다른 하나는 드라마 속 조연일 때 흔한 유형인데 특종 욕심 때문에 물불을 가리지 않는 기자다. 착한 주인공이 숨기고 싶어 하는 이면을 들추고 보도하지 않겠다고 약속한 뒤 다음 날 심각하게 과장된 내용을 대서특필해 뒤통수를 치는 식이다.

이 두 모습 모두 과장이 있지만 기자가 특종 경쟁이 치열한 직업이라는 것은 분명하다. 다만 기자들은 알릴 가치가 있는 특종을 기자 윤리에 어긋나지 않게 취재하고, 열 개의 특종을 터뜨리기보다는 한 개의 오보를 내지 않기 위해서 노력하는 사람이다. 이 때문에 하루하루 마감 시간에 쫓기고 매일 다른 언론사 기자와 기사를 놓고 치열하게 경쟁을 벌이면서도 자부심과 사명감은 둘째가라면 서러워할 만한 직업이다.

기자들은 그래서 스스로를 '대통령을 만나도 주눅 들지 않고, 범죄자를 만나도 움츠러들지 않고, 이론으로 무장한 학자들을 만나도 기죽지 않는 사람'으로 부른다. '시장 바닥에서 남루한 옷차림의 할머니를 만나도 무심히 지나치지 않고 눈을 반짝이며 기록으로 남길 가치가 있는 내용을 찾는 사람'을 자처하는 기자를 만났다.

한국인 최초로 퓰리처상을 수상하다

1999년 9월 29일 《AP 통신》은 장문의 기사를 전 세계에 타전했다. 1950년 7월 말, 한국의 노근리라는 한 철도 굴다리에서 400명의 피난민들이 미군의 공격으로 죽었다는 내용이었다. 피해자 가족인 한국 생존자들과 가해자 격인 열두 명의 미 퇴역 군인들의 인터뷰는 반세기나 지났지만 정확하게 일치하며 당시 참상을 생생하게 전했다. 비밀 해제된 미국 군사 문건을 발견해 미 지휘관들이 "민간인으로 위장한 적군의 침투 위험을 감수하느니 전선으로 접근하는 피난민을 사살하라."는 명령을 하달한 사실도 처음 공개됐다. 한국의 한 작은 마을에서 발생한 미군의 학살 행위가 전 세계에 알려진 순간이었다.

《AP 통신》소속 기자 세 명은 다음 해인 2000년 언론계의 노벨상으

로 불리는 퓰리처상을 수상했다. 은폐된 사건을 심층 보도해 '기사의 꽃'
으로 불리는 탐사 보도(사건 자체보다는 그 사건의 이면을 파헤치는 언론 보
도 방식) 부문에서였다. 앞서 속보성 특종과 사진 등에서 퓰리처상을 받
았던 《AP 통신》으로서도 '탐사 보도' 부문에서 퓰리처상을 받은 것은
처음일 정도로 의미가 남달랐지만, 더욱 주목받은 것은 특별 취재 팀을
이끈 기자가 미국에는 단 한 번 가 보고 그 체류 기간도 일주일에 불과
한 토종 한국인이라는 점이다.

'반세기 동안 금기시된 사실'을 보도했던 취재 팀의 중심에는 당시 서
울 특파원이었던 최상훈 기자가 있었다.

최상훈 기자는 현재 회사를 옮겨 《뉴욕 타임스(The New York Times)》
의 자회사로 국제판을 맡고 있는 《인터내셔널 헤럴드 트리뷴(IHT)》에서
한국 특파원으로 근무하고 있다.

뉴욕 사람들이 매일 아침 가장 먼저 본다는 신문에 영어로 기사를 쓰
고 한국인으로는 처음 퓰리처상을 수상했다니 세련되고 날카로운 사람
일 것이라고 상상했다. 그러나 직접 만나 보니 수수한 차림새와 사람 좋
아 보이는 인상에 경상도 말씨가 더해져 평범한 이웃집 아저씨 같았다.

하지만 인터뷰가 시작되자 논리적인 생각과 풍부한 표현력이 쏟아졌
고, 몇 시간의 인터뷰가 끝날 즈음에는 지적이고 자신감 넘치는 기자가
앉아 있었다.

최상훈 기자는 '노근리 사건' 보도로 《AP 통신》 첫 번째 탐사 보도

부문 퓰리처상 수상자로 이름을 올렸지만, 한국인으로서도 사상 처음 퓰리처상을 수상한 사람으로 기록돼 주목받았다.(1999년 퓰리처상을 받았다고 알려진 AP 통신 강형원 사진 기자는 퓰리처상 수상자 공식 홈페이지에 이름이 올려져 있지 않아 수상자로 볼 수 없다.) 최상훈 기자는 노근리 보도로 한국기자협회 특별상도 수상했다.

기획부터 후속 보도까지만 3년이 걸렸던 취재에서 출발점이자 핵심적 역할을 했던 최상훈 기자는 황소 같은 뚝심이 무엇인지 보여 줬다.

"원래《AP 통신》은 통신사여서 추적 탐사 보도는 잘 하지 않죠. 탐사 보도는 많은 시간과 인력을 투입해야 하는데 전 세계에 뉴스를 24시간 공급하는 통신사는 속보성을 중시하기에 탐사 보도는 잘 시도하지 않아요.《AP 통신》은 그때까지 이미 마흔여섯 차례나 퓰리처상을 받았지만 주로 사진 기사가 많았고, 노근리 보도가 유일하게 심층 취재를 통해 퓰리처상을 받은 기사죠. 그러니까 탐사 보도를 잘 하지 않고 탐사 보도를 하는 문화가 없는 통신사에서 탐사 보도를 한다는 것이 가장 어려웠어요. 우선 상당히 오랫동안 취재를 해야 한다는 점이 힘들었고, 언론사 내부에서도 이 기사를 내보내야 할지 말아야 할지 상당히 말들이 많았어요. 기사만 쓰고 넘긴 게 아니라 그 기사가 나와야 한다고 본사 상사들을 설득하고 싸우는 데만 1년 가까이 걸렸어요."

노근리 사건은《AP 통신》에 앞서 한국 언론들도 보도했다. 다만 앞서 보도된 내용은 '미국과 한국 정부가 민간인 학살이 없었다고 부인하는 상황에서 한국 피해자들은 피해를 입었다고 하소연하고 있다.'는 반쪽짜리 기사에 머물러 주목받지 못했다.

1998년 초 당시 서울 특파원이었던 최상훈 기자는 진실 공방에 머무른 노근리 사건의 실상을 알아보자며 미국 본사에 심층 취재의 필요성을 건의했다. 이제 백발이 된 피해자들이 하나둘 세상을 떠나면서 진실을 밝힐 시간도 촉박했다.

미국 언론사에서 일하는 한국인 기자는 어떻게 본사 간부들을 설득했을까?

"노근리 사건은 한국인을 위해서도 조사가 필요하지만 가해자 격인 미국의 언론이 미국 독자들을 위해서도 진실을 알려야 한다는 점을 강조했습니다."

최상훈 기자는 말만 앞세운 것이 아니다. 숨겨진 피해자들을 추가로 찾아내 인터뷰하고, 노근리 민간인 학살을 보도한 1950년 북한 신문 기사도 입수하는 등 피해자들의 주장을 뒷받침해 줄 수 있는 자료를 수집했다.

얼마 뒤 《AP 통신》 본사는 세 명의 기자를 합류시켜 최상훈 기자가 이끄는 노근리 사건 특별 취재 팀을 만들었다. 특별 취재 팀은 미국 국립 문서 보관소를 뒤지고, 한국 전쟁 종군 기자들이 남긴 기록들도 찾아 헤맸다.

"네 명의 기자들이 진실 찾기에 매달렸습니다. 그 결과 '미군이 노근리 지역에 주둔했다는 증거조차 없다.'고 주장했던 미국 정부의 진술을 뒤집고 '노근리 주변 피난민을 모두 사살하라.'고 지시한 미군의 내부 명령서를 발견했습니다. 또 해당 부대에서 퇴역한 미국 군인들에게 전화를 걸어 스무 명 정도로부터 '당시 피난민들이 군에 의해 사살당했다.'는 증언을 확보했죠."

1999년 가을 마침내 '노근리 학살' 기사는 《AP 통신》을 통해 전 세계로 타전됐고 피해자 가족들은 감개무량해했다. 노근리 사건으로 자식 둘을 잃은 한 할머니는 "평생 이렇게 기쁜 적이 없어, 이제 죽어도 한이 없어."라고 말했다. 이후 한국과 미국 합동 조사반은 1년 뒤 최종 보고서에서 《AP 통신》의 보도를 공식적으로 인정했다.

천재도 끈기와 인내로 만들어진다

외신 기자로 일하며 매일 영어로 기사를 쓰는 최상훈 기자는 고등학교 때는 영어를 잘 못했다. 대신 수학은 아주 잘해서 대학은 경제학과로 진학했다. 대학 진학을 앞두고 담임 선생님께서 수학과 연관성이 있는 문과 분야가 경제학과라며 추천했기 때문이다. 하지만 이후 대학 4학년이 될 때까지 그는 구체적인 진로를 결정하지 못했다.

"그래서 2년 동안 영어 공부나 하며 시간을 벌자는 마음으로 통번역 대학원에 진학했어요. 대학원 졸업반 때 친하게 지내던 동기가 언론사 시험을 준비하고 있었어요. 그 친구가 영자 신문사에 시험 치러 간다고 하기에 친구 따라 원서를 냈는데 둘 다 합격했어요. 언론사 시험 공부는 하지 않았지만 영자 신문은 영어 비중이 크기 때문에 합격한 거죠. 우연히 시작했지만 일을 못한다는 소리는 듣고 싶지 않았어요. 그래서 열심히 하다 보니까 재미가 있고 재미있으니 더욱 열심히 하게 됐죠."

정작 언론인이 되기 위해 오랫 동안 준비했던 그 친구는 한 달 뒤 적성에 맞지 않는다고 그만두고 일반 회사에 취직했다. 그런데 별생각 없이 따라간 그는 20년 동안 기자 생활을 하게 됐고, 세계적인 명성이 따라왔으니 재미있는 운명이다.

우연히 시작한 일이지만, 경쟁이 치열한 기자들의 세계에서 일인자가 된 비결은 무엇일까?

"무슨 일이든 열심히 하지 않고 잘 되는 경우는 없는 것 같아요. 성공한 사람, 최소한 자기가 만족하고 남들로부터 일 잘한다는 소리를 들으려면 '열심히' 그리고 '오랫동안' 하지 않고는 불가능하죠. 열심히 오랫동안 하려면 재미가 있어야 되잖아요? 그래서 직업은 재미있는 것을 찾으면 좋겠어요. 재미가 있으면 열심히 하게 되고, 열심히 하다 보면 오래 하게 되고, 오래 하다 보면 잘하게 되는 것 같아요. 그래서 직업을 선택할 때는 좋아하고 열심히 할 수 있는 일을 찾으라고 말하고 싶어요.

또 끈기와 인내를 강조하면 천재성이 없고 능력이나 창의력이 부족한 사람들의 차선책이 아닌가 생각하는 사람들이 많은데 시간이 지날수록 성실함과 꾸준함, 끈기, 인내가 중요한 것 같아요. 천재나 엄청난 성공을 한 사람, 우리가 보기에는 단기간에 남이 상상할 수 없을 만큼 큰일을 한 사람도 자세히 보면 남다른 끈기와 인내가 바탕인 경우가 대부분이더군요."

최상훈 기자는 지금도 열심히 공부한다. 잘 쓰인 글을 읽으며 이 글이 왜 감동을 주는지 구성과 문장을 분석한다고 했다. 토종 한국인 외신 기자로 영어를 모국어로 하는 기자들에게도 뒤지지 않고 기사를 쓰는 비결이 궁금해졌다.

"고등학교 다닐 때는 많이 놀았어요. 수학은 좋아했지만, 영어는 싫어

했어요. 대학에 들어가니 88 서울 올림픽을 앞두고 세계화 열풍이 불면서 영어 한 가지만 잘해도 취직이 되는 분위기였어요. 군에 다녀와 복학한 뒤부터 취업을 위해 영어 공부를 본격적으로 시작했어요. 진부한 표현이지만 실제 영어 공부에 왕도는 없는 것 같아요. 대학 3학년이 돼서 고등학생들이 보는 문법책을 사서 혼자 도서관에 앉아 공부했어요. 영어 공부도 수학 공부하듯이 영어 문장을 논리적으로 파고들었죠. 영어 잡지도 보고 토플 강의도 듣고 영문과 전공 수업에도 들어갔어요. 제인 오스틴의 소설 『오만과 편견』이 명작이라는데 왜 감동을 주는지 도대체 모르겠더라구요. 문장과 문단, 구성을 뜯어 보고 이해될 때까지 반복해서 읽어 봤어요."

최상훈 기자는 자신이 인생에서 가장 열심히 공부했던 시점을 고 3이 아니라 대학 3, 4학년으로 기억했다. 싫어하던 영어 공부를 시작한 것은 취업을 위해서였는데 어느 순간 영어 자체에 재미가 붙어 취업은 미루고, 결국 통번역 대학원 한영과에 입학했다.

"정말 영어 실력이 늘어난 것은 언론사에 입사해 매일 영어로 기사를 쓰고 모국어로 기사를 쓰는 기자들과 경쟁하면서부터입니다. 어떻게 하면 영어로 기사를 더 잘 쓸 수 있을까, 아니 영어뿐만 아니라 기사 자체를 더 잘 쓸 수 있을까 신경을 많이 씁니다. 일정 수준을 넘기면 영어든 모국어든 기사 쓰기가 힘들기는 마찬가지 아닐까요? 내가 모르는 분야거나 창의력이 부족하고 취재를 덜 했기 때문에 글이 안 써지는 것이지, 언어 문제가 아닌 것 같아요."

사람에 대한 애정과 사회에 대한 관심이 필요

텔레비전에서 기자가 일하는 모습을 자주 볼 수 있는 장면은 행정 기관이 마련하는 기자 회견장이다. 하지만 기자들은 모두가 같은 대답을 듣는 공식 기자 회견보다 독자적으로 현장을 취재하는 것을 더 좋아한다. 최상훈 기자도 사람 냄새 나는 현장을 찾아 전국을 누비는 것을 즐긴다.

"특이한 사람들, 외골수들을 취재하는 것이 좋아요. 취재한 사람 중에 경북 영주에 사는 농부가 있었는데 그 사람은 취미가 파라볼라 안테나 수집이라 별명이 '안테나맨'이에요. 이 '안테나맨'은 자신의 집에 여든다섯 개의 위성용 접시 안테나를 보유하고 전 세계 1,000여 개의 위성 방송 채널을 수신하면서 농촌으로 시집온 외국인 신부들을 위해 위성 안테나를 무료로 설치해 주죠. 영주시에만 외국인 신부가 250명이 되는데 베트남 등 각국 신부들이 자국의 방송을 듣기 위해 그의 집으로 몰려온다고 해요.

또 전국을 다니며 모든 문제에 끼어들어 데모를 대신해 주는 '할빈당'이라는 조직이 있는데 이런 직업은 우리나라 외에는 아마 없을 거예요. 재미있는 현상이죠. 이 단체도 제가 함께 동행하며 취재한 적이 있어요."

사회에서 존재감이 잘 알려지지 않았던 이런 사람들은 '기자의 시각'이 더해져 현직 장관보다 더 비중 있게 소개되기도 한다. '안테나맨'은 농촌 지역 신부 네 명 가운데 한 명이 외국인일 정도로 한국으로 시집오는 외국인 신부가 증가하고 있지만 이들의 외로움을 달래 주는 문화가 부족하다는 단면을 보여 줄 수 있고, '할빈당'은 데모가 잦고 어찌 보면 즐기는 듯한 한국인의 속성을 반영할 수 있다는 것이 최상훈 기자의 분석이다.

그는 "우연히 기자가 됐다."고 했지만 언론사는 준비되지 않은 사람, 가능성이 없는 사람은 뽑지 않는다. 그는 어쩌면 기자 시험을 보기 전부터 기자의 싹을 가지고 있었을지도 모른다는 생각이 들었다. 기자의 자질이 무엇인지 물었다.

"기자는 크게 보면 호기심과 끈기가 중요하죠. 아침에 여러 신문사의 신문을 펼쳐서 비교해 보면 대부분 내용이 같지만 가끔 다른 기사도 있지요. 그런 경우는 기자가 호기심이 있으니까 남과 다른 기사를 쓴 거죠. 그런데 사실은 호기심도 열심히 관찰해야 나옵니다. 그래서 저는 굳이 호기심과 끈기, 둘 중에서 중요한 것을 꼽으라면 끈기를 말합니다. 뭐든지 빨리 되는 것은 없죠."

자신이 강조한 '끈기'라는 자질을 그는 노근리 보도에서 스스로 증명했다. 노근리 탐사 보도를 준비하는 3년 동안 그는 다른 일을 제쳐 두고 그 일에만 매달린 것이 아니다. 매일 다른 일상적인 기사를 쓰면서 틈틈이 취재한 결실이기에 끈기가 없이는 불가능했다.

"가끔은 용기가 필요한 경우도 있어요. 기자가 겁이 나서 취재를 그만두는 경우도 가끔 있습니다. 대기업이 연관돼 있는데 취재가 잘 될까, 안될거야 하면서 지레 포기하기도 하죠. 그래서 사람에 대한 애정과 사회에 대한 관심이 필요한 것 같아요. 그것이 제대로 된 기사를 쓰게 하는 동력이죠. 기자는 늘 깨어 있으려고 노력하면서 자신을 일깨우는 사람인 것 같아요."

기자가 매일 하는 업무는 현상을 분석해 가치 있는 정보를 순발력 있게 전달하는 일이다. 따라서 폭넓은 상식과 글쓰기 실력도 필요하다. 한 분야에 대한 깊이 있는 지식보다는 언어와 사회, 경제, 역사, 법, 통계 등 많은 분야를 폭넓게 알아야 한다.

무엇보다 중요한 자질은 기본적인 직업 윤리에 충실한 태도다.

"기자라면 진실을 추구해야 하는데 쉬운 일은 아니지요. 그래서 기자는 공평하고 편견이 없어야 합니다. 사건을 볼 때 관련된 모든 사람들에게 공평하게 대하고 게으름을 피우지 않고 관련자들을 부지런히 만나고 열심히 취재해야 해요. 거창하게 진실을 내세우기보다는 열심히 취재하다 보면 결론적으로 진실에 가장 가까운 기사가 나오지 않을까 하고 늘 생각합니다."

기자는 주로 하루 동안 주위에서 일어나는 복잡하고 혼란스러운 일을 빠른 시간 내 독자 혹은 시청자에게 전달한다. 기획 보도나 탐사 보도처럼 몇 달, 몇 년을 두고 취재하는 경우도 있지만 거의 대부분은 하루 단위로 취재해 기사를 쓴다. 기자의 업무는 그래서 '혼돈에서 질서를 찾는 일'이다.

북핵 문제부터 김연아까지, 가장 역동적인 직업

"급박하게 돌아가는 세상의 흐름을 정리하고 대답하는 사람은 기자밖에 없습니다. 정부가 큰 사안에 대해 공식적 답변을 하고 학자가 분석하더라도 결국 전달하는 통로는 기자이니까요. 빠른 시간 안에 상황을 전달하는 것은 언론 매체와 기자밖에 없죠. 역사가들이 10년, 20년이 지나 책을 쓸 수는 있지만 그들도 기자들이 쓴 기사를 참고해야 합니다. 그만큼 기자는 자부심과 사명감을 가질 수 있죠."

기자는 한편으로 책임감도 큰 직업이다.

"반대로 이 때문에 힘을 가진 사람들은 항상 기자를 이용하려고 하기 때문에 기자는 이용당하지 않아야 하는 책임도 있어요. 힘 있는 사람은 기자 회견을 하고, 보도 자료를 내고, 때론 식사 자리를 마련해 여론을 유리하게 끌고 가려고 합니다. 기자가 책임감을 갖고 소수의 소외된 사람들을 보호하는 데 노력해야 하는 이유도 바로 여기에 있습니다.

이만큼 역동적인 직업도 없는 것 같아요. 정치와 교육, 북핵 문제부터 문화와 김연아 선수까지 다양한 분야를 다루죠. 기자는 일하고 살아가면서 호기심을 충족시킬 수 있는 직업이죠."

기자라는 직업의 가장 큰 매력은 다양한 사람을 만날 수 있고, 세상이 변하는 상황, 내가 궁금한 점을 가장 직접적으로 확인할 수 있다는 것이다.

하지만 단점도 많다.

"기사는 좋은 내용도 있지만 사회의 부정적인 면을 들추는 기사도 많죠. 그래서 가장 큰 단점은 직업상 좋은 내용보다는 좋지 않은 내용을 들추어야 하고, 좋지 않은 사건들을 많이 접하는 것이죠. 물론 '사회 정의'와 '단기간의 역사 기록'을 위한 것이지만 남의 어두운 면을 들추기 때문에 때로는 관계된 사람들과 얼굴을 붉히기도 하고 미움을 받기도 합니다."

또 기자는 노동 강도에 비해 월급이 많지 않다. 시간이 지나면서 직업적 숙련도는 더해지겠지만 능력이나 지위가 크게 상승하지도 않는다. 데스크라 불리는 관리자가 되기 전에는 대부분의 기자가 현장 취재를 하는데 기자는 1년 차든 10년 차든 하는 일에는 큰 차이가 없고 현장을 찾아 기사를 쓴다는 점에서 마찬가지다.

스트레스도 많은 편이다. 짧은 시간 내에 공정하게 기사를 쓰고 오보를 내지 않으려면 집중력이 필요하다.

"기자들은 매일매일이 경쟁이죠. 기업체 직원들은 분기별 혹은 1년에 한 번씩 실적을 평가받지만, 기자들은 매일 언론사끼리 서로 비교하며 낙종을 하지 않고 특종을 하기 위해 일합니다. 같은 내용의 기사라도 누가 더 깊이가 있는지 매체들끼리도 수없이 경쟁합니다. 경쟁이 유능한 기자를 만드는 면도 있습니다. 기자들은 경쟁에서 이기려고 더 많은 취재원을 만나고 자료를 뒤지고 숨겨진 면을 파헤치는데 이는 국민이 알아야 할 중요한 사실을 발굴하는 계기가 됩니다."

21년 차인 최상훈 기자도 매일 시간에 쫓기며 일한다. 그가 매일 하는 일은 노근리 사건 같은 심층 취재가 아니고 그날 일어나는 일을 빨리빨리 써서 알리는 것이다. 그는 현재 미국 언론사에 소속된 한국 주재 기자이기 때문에 한국의 상황을 외국에 있는 독자들에게 알리는 기사를 쓴다. 기본적으로 주 5일 근무지만 때론 주 6일 근무를 한다. 일요일에는 신문이 발행되지 않기 때문에 토요일에는 쉬고 일요일에도 쉴 때가 많지만 급한 뉴스나 중요한 분석 기사를 써야 할 때는 일할 때도 있다.

"평일에는 주로 오전 10시쯤 일을 시작해 저녁 8시쯤 끝나요. 오전에는 취재하고 오후에는 기사를 쓰는 식이죠. 오전에는 신문을 읽고 기자 회견이나 인터뷰 약속을 잡고 이메일로 업무를 처리하죠. 무슨 일이 어떻게 돌아가는지 파악해야 하니까 신문은 많이 읽어야 합니다. 오후에는 회사에 머물며 급한 사건에 대처하고 기사를 작성하죠. 보통 저녁 8시, 늦으면 9시쯤 일이 끝나 퇴근합니다."

기자로서 기사를 잘 쓸 수 있는 노하우를 물었다.

"저는 취재원으로 할머니들을 좋아하는데, 할머니들은 한결같이 표현력이 뛰어나요. 할아버지들은 그냥 '좋다'고 말씀하시는데 할머니들은 '내 평생 이렇게 기쁜 적은 없어, 이제 죽어도 한이 없어.'라고 말씀하시기 때문입니다."

그는 글을 잘 쓰려면 많이 취재하고, 평소에 논리적으로 생각하고, 마지막으로 언어의 이미지가 생생하게 살도록 써야 한다고 강조했다.

"같은 사물을 보더라도 세부적인 것들을 생생하게 표현해야 합니다. 가장 좋은 글쓰기 방법은 역시 잘된 글을 많이 읽는 것 같아요. 굳이 내 인생에서 후회되는 한 가지만 꼽으라면 어렸을 때 고전을 많이 읽지 않은 것입니다. 그리스 희곡 작품처럼 윤리와 철학 등 문화의 기저를 이루는 고전 작품들을 어려서부터 읽어야 자양분이 되는데 그러지 못했던 것이 아쉬워요. 지금도 틈날 때마다 고전을 찾아 보고 잘된 글을 읽으려고 노력하지만, 나이가 들수록 시간도 여유도 적어지네요. 그래서 평소에 기사를 좀 더 잘 쓸 수 없을까 항상 고민합니다."

대학에 진학해서도 진로를 결정하지 못하다가 우연한 기회로 기자가 된 그가 성공할 수 있었던 이유는 끈기 때문이다.

최상훈 기자의 끈기는 어디서 나올까? 사람에 대한 애정과 사회에 대한 관심, 다중의 선을 위해 노력한다는 자부심 등이 끈기의 원천일 것이다. 무엇보다 본인의 말처럼 자신의 일을 진정 좋아하기 때문에 가능한 일일 것이다.

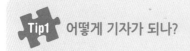
Tip1 어떻게 기자가 되나?

기자가 되려면 신문과 방송, 잡지사에서 실시하는 시험에 합격해야 한다. 4년제 대학을 졸업해야 하고 전공 제한은 없지만 문과 출신이 유리하다. 신문 방송학과와 영문학과, 정치 외교학과, 경제학과 등 다양한 전공자들이 채용되지만 신문 방송학과 출신 비율이 높은 편이다. 신문 방송학과 출신들이 유리하다기보다는 다른 전공자에 비해 지원 비율이 높기 때문이다. 다만 최근에는 언론사에서 기상, 의학, 법학 분야의 전문 기자를 별도로 채용하기도 한다.

언론사 공채 시험은 서류 심사, 필기시험(국어, 상식, 논술), 면접 순으로 치러진다. 서류 전형에서는 자기소개서와 대학 성적, 영어 성적 등을 요구한다.

서류 전형에서는 자기소개서가 중요하다. 자기소개서는 언론인이 될 자질이 충분하다는 점이 잘 드러나도록 써야 한다. 자기소개서는 면접 때도 활용되기 때문에 일관성과 진실성도 중요하다.

방송 기자의 경우는 카메라 앞에서 이미지와 오디오(표준 발음과 적당한 목소리 톤)를 점검하는 오디션을 본다. 방송 기자는 오디오도 중요하기 때문에 뉴스 앵커나 기자들이 읽는 것을 따라 연습하는 것이 좋다.

면접은 두 차례 이상 실시한다. 장기적으로는 책을 많이 읽고, 토론하고, 글을 쓰는 연습을 해야 하고, 단기적으로는 신문을 꾸준히 읽어 시사 흐름을 잘 알고 있어야 한다. 방송 기자라면 뉴스를 모니터해 영상에 맞는 기사를 구성하는 방법도 익혀야 한다.

언론사마다 채용 시 중시하는 점은 조금씩 다르다. 지원자들은 해당 언론사의 인터넷 홈페이지를 참고하고, 언론계에 입사한 선배들에게 조언을 구하는 것도 도움이 된다.

최근 사설 방송 교육 훈련 기관 등이 많아졌지만 별 도움이 되지 않는다. 다만 한국언론진흥재단의 '예비 언론인 교육'은 내용이 유익해 권할 만하다. 언론사 지원자들끼리 스터디 모임을 활용하는 것도 정보 교류와 면접 준비에 도움이 된다.

관련 기관: 한국기자협회(www.journalist.or.kr), 한국언론진흥재단(www.kpf.or.kr)

Tip2 기자의 하루 일과

최근에는 인터넷 언론의 영향력이 커졌고, 잡지사도 많지만 주류 언론인은 크게 신문 기자와 방송 기자로 나뉜다.

국내 언론사의 기자들은 대개 정해진 출입처를 맡아 취재한다. 출입처는 정치, 경제, 사회, 법조, 교육, 문화, 의료, 복지 부문 등으로 나누고 다시 세분화된다. 가령 정치부라면 국회 여당, 야당, 청와대 담당 등으로 분할하고, 사회부라면 경찰서, 소방서, 시청 등으로 나눠 집중적으로 취재한다. 개인 기자들의 담당 출입처는 보통 1~2년 단위로 바뀐다.

기자의 하루는 소속 언론사가 아니라 출입처에서 시작된다. 기자들은 매일 아침 출입처로 곧바로 출근해 현안이 있는지 체크하고 신문과 방송을 모니터해 취재할 거리가 있는지 파악해 데스크로 불리는 참사관과 상의해 그날 보도할 아이템을 결정한다.

모든 기자는 '취재'와 '기사 작성'이라는 큰 틀에서 일하지만 방송 기자는 '현장 촬영'과 '프로그램 제작'이 추가된다. 방송 기자의 경우 아이템이 정해지면 구체적인 내용 취재와 인터뷰 섭외를 하고, 촬영 기자와 만나 현장을 촬영한 뒤, 기사를 작성해 송고하고 데스크로부터 원고 교정을 받아, 오디오를 녹음하고 영상을 편집해 뉴스를 제작한다.

보통 아침 9시부터 일을 시작해 저녁 7시나 8시면 일이 끝난다. 사건 담당 방송 기자의 경우 아침 6시, 7시대 뉴스에 보도할 사건을 챙기기 위해 새벽 5시쯤 경찰서로 출근해야 하므로 근무 시간이 더 길다. 20년 차 미만의 평기자들은 하루씩 돌아가며 야간 근무를 하거나 휴일 당직도 하는데 야간 근무나 휴일 당직 근무 다음 날은 하루를 쉰다.

Tip3 연봉은?

한국직업능력개발원의 '산업 직업별 고용 구조 조사'에 따르면 기자와 기자가 포함된 언론사 논설 위원의 수는 22,455명이고 전체 기자 중 여성의 비율은 31.3퍼센트이다. 학력별로는 대졸이 72.7퍼센트, 석사 이상이 8.8퍼센트이다.

정부가 조사한 전체 기자의 월 평균 임금은 282만 원이다. 하지만 언론사마다 연봉 차이가 크다. 방송 기자가 신문 기자보다 월급이 더 많은데 지상파 방송사의 기자 월급은 대기업 사무직보다 약간 더 많다.

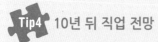 ## 10년 뒤 직업 전망

신문과 잡지의 경우 인터넷의 영향으로 축소되거나 폐간되는 곳이 늘어나 신문과 잡지 기자의 수요는 약간 감소할 전망이다. 반면 방송 기자의 경우는 지상파 방송 외에 케이블 종합 편성과 보도 전문 채널, 위성 방송 등이 늘어나면서 향후 몇 년간 수요가 약간 증가할 전망이다. 작은 규모의 인터넷 언론사도 늘어나는 추세다. 따라서 기자에 대한 수요는 전반적으로 현재 수준이 유지될 전망이다.

다만 근무처에 따라 처우의 양극화는 심화될 전망이다. 주요 언론사의 경우 정보의 홍수 속에 고급 정보의 중요성이 더 커지고, 알 권리에 대한 욕구가 증가하면서 기자들의 전문성과 보수는 더 높아질 전망이다. 반면 소규모 매체에 소속된 기자들의 경우 근무 여건과 보수가 개선되기는 쉽지 않을 것으로 보인다.

마라톤으로 증명한 도전 정신으로
대기업에 합격하다

회사원 김동완

1976년 대구에서 태어나 경일대학교 공업 화학과에 입학했다. 이후
2002년 홍익대학교에 편입해 신소재 공학과를 졸업했다. 2004년
현대 중공업에 입사해 현재 현대 중공업 엔진생산기술부 대리로
일하고 있다.

지원자의 '도전 정신'을 서류와 잠깐의 면접으로 어떻게 심사할 수 있을까?

저는 이 회사에 도전 정신을 어떻게 보여 줄까 계속 고민했습니다.

— 회사원 김동완

회사원 김동완 씨의 '현재' 경력은 너무나 평범하다. 그럼에도 필자가 그를 만난 것은 독특한 입사 이야기에 대한 호기심 때문이다.

"입사를 위해 뛰어라."

대학 4학년생이던 김동완 씨는 2003년 가을, 원하던 기업에 입사 원서를 내고 회사까지 정말 달리기를 했다. 서울에서 현대 중공업 본사가 있는 울산까지 약 500킬로미터, 마라톤 거리의 열두 배나 되는 거리를 뛰기로 결심한 것이다. 그는 운동 신경이 뛰어난 편도 아니고, 장거리라고는 마라톤 하프 코스를 달려 본 것이 전부였다.

"얼마나 먼 거리인 줄 알았다면 뛰지 않았을 거예요. 사실 무모했죠. 다시 뛰라면 못 뛸 것 같아요."

무모한 도전은 입사 성공으로 연결됐다. 그는 2004년 1월 현대 중공업에 입사했고, 전공을 살려 금속 관련 분야에서 일하고 있다.

무모함을 취업 성공으로 이끈 도전 정신

지방에 있는 대학에 입학했을 때 김동완 씨의 꿈은 대기업 입사였다. 하지만 그 대학 출신 선배들 가운데 대기업에 취업한 사람은 드물었다. 그는 대학 재학 도중 서울에 있는 대학으로 편입했고 4학년이 된 김동완 씨는 졸업 전 전공을 살릴 수 있는 대기업에 취업하는 것을 목표로 기회를 찾았다. 자신의 전공인 신소재 공학과(금속 계열) 전공자를 채용하는 대기업의 직원 모집 공고를 찾아봤지만 채용하는 곳은 많지 않았다. 그는 이 분야 전공자를 뽑는 몇 안 되는 대기업 가운데 현대 중공업을 지원 대상 1순위로 삼았다.

"무엇보다 이 회사에 가고 싶다는 욕구가 있었습니다. 어린 시절 한 친구가 모두가 부러워하는 레고 장난감을 갖고 있었는데 아버지가 해외 출장을 다녀오면서 사 준 장난감이라고 자랑했었죠. 20년 뒤에 제가 취업할 회사를 알아보는 순간 그 친구의 아버지가 현대 중공업에 근무했다는 기억이 떠올라 1순위가 됐어요."

목표가 결정된 순간 그는 '현대 중공업'이라는 회사에 대해 분석했다. 회사 홈페이지에 들어가 채용 기준을 살펴봤다. 일정 수준의 학점과 영어 성적 등 실력이 필요하지만 "적극성과 도전 정신이 가장 중요하다."는 설명이 나와 있었다. 하지만 지원자를 뽑는 방법은 서류 심사와 면접이었다. 그는 이런 선발 방식이 회사의 채용 기준과는 뭔가 '모순'된다고 여겼다.

"도대체 지원자의 '도전 정신'을 서류와 잠깐의 면접으로 어떻게 심사할 수 있단 말일까? 이 모순을 넘어 저는 이 회사에 도전 정신을 어떻게 보여 줄까 계속 고민했습니다."

그래서 '서울에서 본사가 있는 울산까지 달려 보자.'고 결심했다. 3개월 전에 하프 마라톤을 뛴 적이 있으니 마라톤과 연계해 자신의 열성을 보여 주자는 생각에서였다. 서울에서 울산까지 거리가 얼마인지도 몰랐다. 500킬로미터에 육박하고 마라톤 거리의 열 배 이상이라는 사실은 정확히 따져 보지 못했다.

"거리는 생각하지 않고 무모하게 뛰었습니다. 42.195킬로미터인 마라톤 풀코스를 완주해 본 경험이 있었다면 아마 도전하지 않았을 것입니다. 해 놓고 보니 사실 무모했죠."

그는 입사 원서를 보낸 뒤 회사 인사 담당자에게 이메일을 보냈다.

"꼭 현대 중공업에 입사하고 싶습니다. 저의 적극성과 열정, 도전 정신을 보여 주기 위해 서울에서 울산까지 달려가 인사드리겠습니다."

(그는 달릴 거리는 따지지 않았지만 이 회사가 마라톤을 중시한다는 점은 알고 있었던 것 같다. 현대 중공업은 창업주인 고 정주영 회장부터 강인한 체력과 인내력을 요구하는 마라톤을 즐겨 했고, 그 사풍이 이어져 최고 경영자였던 당시 민계식 부회장도 매일 1시간씩 회사에서 달리기를 할 정도로 마라톤 마니아였다. 그가 수영이나 자전거 타기가 아니라 마라톤을 선택한 것은 기업 문화를 철저히 분석했기 때문이다.)

하지만 그는 회사가 꼭 뽑아 준다고는 생각하지 않았다고 한다. 다만 자신이 할 수 있는 한 최대한 노력하고 싶었다고 했다.

"그저 '내 인생'은 내가 결정하고, 중요한 순간 비도덕적이거나 남에게 피해를 주는 것을 제외하고는 최선을 다하겠다는 생각뿐이었습니다."

어려움은 없었을까? 서울에서 출발해 처음 이틀 동안은 괜찮았다. 사흘째 천안에 도착했을 때 컨디션이 나빠졌다.

"후회가 몰려왔습니다. 하지만 중도에 그만둘 수가 없었습니다."

김동완 씨 친구의 제보를 받고 텔레비전 프로그램인 「VJ 특공대」 제작 팀이 촬영을 나왔기 때문이다. 촬영 팀의 감시(?) 속에 그는 대구까지 뛰어 갔다. 대구에 도착한 뒤 다리에 문제가 생겨 걸을 수조차 없을 지경이 됐다. 정형외과에 찾아갔더니 근육이 파열됐다고 했다. 부모님은 "회사에 네 의지를 충분히 알렸으니 당장 그만두라."며 만류했다.

그는 스스로에게 물었다.

'내 인생을 걸었다. 처음에는 회사에 들어가는 것이 목표였지만 이젠 울산까지 가는 것이 목표가 됐다. 회사가 알아 주는 것이 아니라 스스로에게 당당해져야 한다.'

"오기가 생겼고, 포기할 수 없었습니다."

몸이 회복될 때까지 잠시 쉬고 쉬엄쉬엄 다시 뛰기로 했다. 침을 맞고 얼음찜질을 해서 목표 지점인 울산의 현대 중공업에 골인했다. 그는 서류 심사와 필기시험을 거쳐 면접에 참가할 기회를 갖게 됐다. 자신을 소개하라는 말에 그는 '서울에서 울산까지 마라톤을 해 왔다.'고 말했다.

그런 그에게 면접관이 물었다고 한다. "그러면 울산에서 서울까지 다시 마라톤을 해 올라갈 생각이 있습니까?"

김동완 씨는 속으로 헉했지만 호기롭게 대답했다. "제 몸이 괜찮다면 '꼭 입사해' 뛰어가고 싶습니다."

김동완 씨가 보여 준 도전 정신에 회사는 절반의 합격 통지서로 답했다. 회사는 고심 끝에 '계약직으로 채용하고 1년간의 평가 기회를 가진 뒤 정식 사원으로 채용할지 결정하고 싶다.'고 통보해 왔다.(현대 중공업이 1년 계약직 과정을 거치도록 결정한 것은 이례적인 일이었다. 취재 과정에서 필자는 "마라톤으로 유명해진 지원자가 '도전 정신'에 걸맞는 '능력'을 갖췄는지를 확인해 볼 필요가 있었다."는 회사 간부의 말을 들을 수 있었다.)

김동완 씨는 불확실한 미래가 불안하고 내심 자존심이 상했지만 회사의 제안을 받아들였다. 그는 최선을 다해 자신의 능력을 보여 주고 1년 뒤 정식 사원이 됐다. 그리고 다른 입사 동기들과 똑같이 4년 만에 대리로 승진했다.

항공기 티켓을 바꿀 영어 실력이 안 돼서

김동완 씨는 인생에서 두 번 도전 정신을 발휘해 인생을 개척했다. 입사 때 외에는 대학 편입 때였다. 그의 고등학교 때 성적은 중하위권이었다.

졸업 후 대구에 있는 한 대학의 공업 화학과로 진학했다. 대학과 전공이 마음에 들지 않아 입학 후 1년 동안 휴학하고 방황했다. 그러다 복학할 때 쯤에는 다른 대학에 편입하기로 결심을 굳혔다. 목표를 정해놓고 열심히 공부하자 모든 과목의 학점이 좋게 나왔다. 군에 다녀오고 대학 2학년을 마친 뒤에는 호주로 반년 동안 배낭여행 겸 어학연수를 떠나기로 했다. 기본적인 영어도 못하고 호주에 도착하면 어떻게 생활할지 구체적인 계획도 세우지 않아 불안하기는 했지만 그는 혼자서 당당하게 호주 공항에 내렸다.

"공항에 내리자마자 울고 싶더라구요. 영어는 전혀 통하지 않고 홈스테이할 집을 예약해 놓은 것 외에는 아무것도 준비되지 않아 막막했어요. 혼자 왜 왔을까 싶어 눈물이 났어요. 지금이라도 귀국 비행기 티켓을 바꿔 집에 돌아갈까 온갖 생각이 다 났죠. 하지만 다행인지 불행인지 만류하는 부모님께 큰소리치며 떠나온 것도 있고 항공기 티켓을 바꿀 영어 실력도 안 됐죠. 때마침 홈스테이할 집주인까지 정확한 시간에 공항으로 마중을 나와 돌아갈 생각은 접었어요. 제가 영어를 너무 못하니 홈스테이 주인이 다음 날 저의 손을 붙잡고 어학연수원에 등록해 줬습니다. 영어는 안 되고 한국어로 말할 사람은 없고, 처음에는 너무 외로웠어요. 하지만 반년이 지나자 차를 빌려 외국인 친구들과 여행을 떠날 정도로 영어가 늘었고 생활도 익숙해졌습니다."

이 여행을 계기로 어학 실력도 쌓고 견문도 넓힐 수 있었다. 하지만 가장 큰 수확은 자신감을 얻게 된 것이었다. 귀국한 뒤 네 달 동안 편입 시험을 준비했고 원하던 대학 3학년에 편입할 수 있었다. 김동완 씨는 이 일을 계기로 단기 목표를 정해 놓고 돌진하는 법을 처음 알게 됐다고 한다.

"이후 목표가 정해지면 나쁜 일 말고는 모든 수단을 동원해서 해 보자는 적극적인 자세를 갖게 됐습니다."

평범한 회사원인 그의 현재 꿈은 소박하다. 가정을 행복하게 만들고, 자신을 선택해 준 회사에 자신이 할 수 있는 범위 내에서 도움을 주는 것이다.

취업 준비생들에게 해 주고 싶은 말을 물었다.

"사람은 저마다 다 달라서 학벌이 좋고 머리가 좋은 사람도 있지만 다른 면에서 뛰어난 사람도 있어요. 정말 원하면 할 수 있는 것을 찾아서 하면 됩니다. 원하면 작은 일부터 시작하면 될 것 같아요. 좋은 대학을 나오고 토익 점수가 높고 인맥까지 갖춘 사람도 있겠죠. 하지만 저처럼 부족하지만 나 자신에게 떳떳하고 할 수 있는 범위에서 최선을 다하는 사람도 있습니다. 중요한 것은 자기 인생에 책임을 져야 하고 자기 인생은 자기가 만들어 가야 한다는 것입니다. 부족한 것은 스스로 극복해야 합니다. 남에게 의존하지 말고 기죽지 말고 자기와 타협하면 안 되죠. '오늘 피곤하니 내일 하겠다.'가 아니라 '꼭 하고 싶으니까 지금 해야지.'가 정답이죠."

대기업 근로자가 되는 것은 꿈의 크기가 너무 작다든가 세속적이라고 말하는 사람이 있을지 모르겠다. 또 어떤 사람들은 김동완 씨가 단지 쇼맨십을 발휘해 취업에 성공한 것은 아닌가 생각할 수도 있다. 하지만 그는 인사 담당자가 고민하지 않을 수 없을 정도로 그 회사의 가치에 맞는 자신의 열정을 보여 주는 데 성공했다. 다만 이와 같은 열정을 빛나게 하는 것은 이를 뒷받침해 주는 실력이다. 그러기에 그는 실력에 대해 1년 동안 검증을 받아야 하는 냉정한 현실을 경험했고, 한 단계 도약하는 계기로 삼았다.

꿈의 크기보다 중요한 것은 꿈을 이루기 위해 얼마나 치열하게 노력했
느냐 하는 것이다.

카메라의 온도는 36.5도,
인간미 있는 따뜻한 뉴스를 꿈꾸며

아나운서 조수빈

1981년 제주에서 태어나 서울대학교에서 언어학과 경제학을 동
시에 전공했다. 대학 재학 중 미스 월드 유니버시티 대회에 참가해
2001년 미스 월드 유니버시티 한국 대회 미, 2003년 미스 월드
유니버시티 베스트 의상상을 수상했다. 2005년 KBS 아나운서로
입사했다. 이후 「남북의 창」, 「수도권 뉴스」, 「8시 뉴스타임」, 「6시
뉴스타임」 등의 프로그램 진행을 맡았으며 현재 「KBS 뉴스 9」를
진행 중이다.

거창한 계획이 목표를 이루게 하는 것은 아닙니다.

작은 일을 열심히 하다 보면 더 큰 행운은 따라오기 마련입니다.

— 아나운서 조수빈

아나운서는 인기 직종이다. 과거에는 아나운서들이 주로 뉴스나 교양 프로그램 진행을 맡았지만 최근에는 예능 프로그램 출연이나 다른 활동을 하는 아나운서들이 늘어나면서 연예인 못지않은 인기를 누리는 아나운서들도 있다.

아나운서는 무슨 일을 하는지 굳이 설명할 필요가 없는 직업처럼 보인다. 텔레비전만 켜면 뉴스와 토크 쇼, 스포츠 중계, 오락 프로그램 등에서 세련된 말솜씨와 깔끔한 차림으로 프로그램을 진행하는 것을 자주 볼 수 있기 때문이다.

보통 사람들은 아나운서가 작가나 기자가 넘겨주는 원고를 앵무새처럼 그대로 읽을 것이라고 생각하지만 이는 오해이다. 성악가들이 작곡가가 쓴 곡으로 공연하는 것처럼 아나운서들은 남이 써 준 원고를 잘 소화해서 혼을 실어 전달하는 '음성 표현 예술가'임을 자처한다. 이글거리는 불 속에서 단련되는 쇠처럼 평소 끊임없이 자신의 실력을 닦고, 한 시간짜리 프로그램을 위해 열 시간을 준비한다는 아나운서를 만났다.

밤 9시 한 방송국의 뉴스 스튜디오. 뉴스 룸에서 피디의 큐 사인이 떨어지면 중계 카메라에 불이 들어오고 전국으로 송출되는 화면에 두 명의 앵커(뉴스 진행자)가 함께 등장한다.

"시청자 여러분 안녕하십니까? 민족의 큰 명절 추석을 앞두고 민족 대이동이 시작됐습니다."

남자 앵커에 이어 조수빈 앵커가 진행을 이어 간다.

"설레는 귀성 표정을 ○○○ 기자가 항공기를 타고 전합니다."

계속해서 남자 앵커가 추석 귀향 표정과 아동 성폭행 사건 속보 등 여섯 개 꼭지를 전달한 뒤 조수빈 앵커가 진행을 넘겨받는다.

"엿새 동안의 이산가족 상봉이 오늘 막을 내렸습니다. 살아서 또 언제 볼지 현장은 눈물바다였습니다. ○○○ 기자입니다."

이어 1분 남짓 기자의 리포트가 방송되는 동안 조수빈 앵커는 물을 한 모금 마시고 다음 기사의 멘트를 준비한다. 그렇게 몇 꼭지를 내보낸 뒤 기자의 리포트가 끝나갈 무렵 뉴스 피디로부터 '몇 번 아이템 순서가 바뀌었다'는 사인이 들어온다. 황급히 바뀐 아이템의 앵커 멘트를 찾아 눈을 고정한 순간 카메라에 불이 들어오고, 그녀는 아무 일도 없었다는 듯 자연스럽게 멘트를 전달한다.

조수빈 앵커는 이날 스물여덟 개의 뉴스 아이템 가운데 '간추린 단신'

모음을 포함해 열세 개 아이템을 진행했다. 마지막 클로징 멘트를 끝으로 50분 동안의 뉴스가 끝나고 9시를 정점으로 하루 동안 상승하던 긴장감이 하강 곡선으로 돌아선다.

조수빈 아나운서는 방송국의 메인 뉴스인 평일 저녁 9시 뉴스를 진행한다. 그녀의 하루 일과는 모두 9시 뉴스에 초점이 맞춰져 있고 공식 업무는 편집 회의에서 시작된다.

앞서 이날 오후 2시 방송국의 뉴스 룸에서는 9시 뉴스의 편집 방향을 결정하기 위해 보도국장부터 각 분야 부장들, 뉴스 피디와 앵커들까지 모였다. 정치부와 경제부, 사회부와 국제부 등 각 분야 데스크들은 그날 취재된 아이템들을 비교하며 우선순위를 놓고 논쟁했다.

추석을 앞두고 민족 대이동 뉴스가 관행적으로 머리기사가 되지만, 이날은 유독 중요한 사건 사고들이 많아 편집 방향을 놓고 의견이 분분했다. 국제부에서는 "수천 명의 사망자를 낸 인도네시아 지진 기사를 비중 있게 다루자."고 제안했고, 정치부는 "이산가족 상봉 마지막 날 결산이나 북한 주민 열한 명이 배를 타고 동해 앞바다로 넘어온 사건을 부각하자."고 제안했다. 반면 사회부에서는 "아동 성폭행 사건의 후속 보도를 좀 더 앞 시간에 배치해 부각해야 한다."는 논리를 폈다.

기사의 우선순위를 놓고 팽팽해진 회의장의 균형을 깬 사람은 평소 의견을 많이 내지 않는 조수빈 아나운서였다.

"제 생각에는 아동 성폭행 사건을 좀 더 위에 올렸으면 합니다. 우리가 특종을 한 사건이기도 하고, 사건 자체도 너무 화가 납니다. 피해자 어린이는 죽을 뻔했는데, 가해자는 가벼운 징역형을 살고 다시 세상을 돌아다닐 것입니다. 이 땅의 모든 어린이들에게 다시는 이런 일이 없도록 우리가 좀 더 관심을 갖고 집중 보도했으면 합니다."

조수빈 아나운서는 2005년 방송사에 입사해 아나운서가 됐다. 제주에서 태어났지만 서울로 이사 와 초등학교 이후 거의 줄곧 서울에서 살았다.(아나운서는 표준 발음과 표준 억양을 구사해야 하기 때문에 어렸을 때부터 서울에서 거주한 사람이 유리하다.) 그녀의 첫인상은 뉴스에서 보이는 것처럼 당차고 소신이 분명하지만 한편으로는 자신을 지나치게 내세우지 않으려는 조심성도 엿보였다. 외모에서 풍기는 완벽함 외에 인간미도 느껴졌다.

그녀는 단기간에 자신의 꿈을 이룬 (최소한 그렇게 보이는) 사람이었다. 명문대를 졸업하고 방송사 아나운서로 합격해 입사 3년 차에 메인 뉴스 앵커가 돼 관심을 모았다. 경력이나 외모에서 군더더기가 없어 보이는 그녀는 이른바 '엄친딸'이다.

고등학교 때부터 그녀의 꿈은 앵커였다. 너무나 쉽게 목표를 달성한 것 같지만 세상에 공짜는 없다는 공식이 그녀에게도 예외는 아니었다.

많은 사람들이 선망하는 아나운서 관문을 한 번에 통과하고 어린 나이에 여러 아나운서들을 제치고 메인 앵커가 된 그녀는 어떤 노력을 했을까?

인간미가 있는 따뜻한 뉴스를 꿈꾸다

그녀는 고등학교 3학년 때 담임 선생님에게서 "아나운서가 잘 어울릴 것 같다."는 말을 듣고서 아나운서에 관심을 갖게 되었다. 대학 입학 후에는 여러 활동을 하면서 아나운서라는 직업이 자신에게 맞는지 확인했다. 언어학과 경제학을 동시에 전공하며 신문사에서 인턴 기자로 일했고, 장학금을 받아 터키와 일본에서 교환 학생으로 공부하기도 했다. 대학 재학 중에 미인 대회에 출전해 수상한 경력도 있다. 이런 여러 가지 경험을 하면서 자신의 활동적인 성격이 아나운서와 어울린다고 결론을 내렸다.

"원래 뉴스 앵커가 되는 것이 꿈이었어요. 뉴스를 진행하는 '앵커'는 기자 출신도 있고 아나운서 출신도 있습니다. 그래서 기자를 지원해야 되나, 아나운서를 지원해야 되나 고민도 많이 했어요. 한때는 공부도 양쪽 다 했어요. 마지막에 아나운서로 최종 방향을 잡았지만 방송국 입사 시험 직전인 4학년 여름에도 신문사와 잡지사에서 인턴 기자로 활동했어요. 앵커가 되는 데 필요한 취재 경험을 쌓겠다는 욕심이었지만, 방송국 입사 시험을 앞두고는 준비할 시간이 부족해 정작 아나운서 시험에서 떨어질지 모른다는 불안감에 시달렸어요.

다행히 아나운서 시험을 통과하고 운 좋게도 9시 뉴스를 진행하게 됐는데 그때 쌓은 취재 경험이 큰 도움이 되는 것 같아요."

그녀는 자신의 장점이 외모나 오디오(정확한 발음과 적당한 목소리 톤을 뜻하는 방송계 용어)가 아니라 뉴스에 대한 높은 이해도라고 말한다. 조수빈 아나운서는 기자들이 얼마나 힘들게 발품을 팔아 취재하는지 아는 만큼 더욱 공을 들여 멘트를 작성하고 전달하려고 노력한다.

"멘트를 작성할 때는 매일매일이 작문 시험 보는 것 같고 아직도 부족하죠. 진행도 더 잘하고 싶습니다. 처음에는 안정적으로 진행하려고 애썼는데 이제는 제 색깔을 찾아가려고 노력합니다. 냉철함보다는 인간미가 있는 따뜻한 뉴스를 전하고 싶어요."

방송사 여성 앵커의 경우 아나운서 출신도 있고 기자 출신도 있다. 그녀는 진로 선택에 앞서 앵커를 했던 아나운서와 기자 선배들을 만나 조언을 구했다. 선배들로부터 장단점을 들어 본 뒤 아나운서가 자신의 적성과도 맞고 유리할 것으로 판단해 아나운서가 되기로 최종 결정했다. 시험 준비를 위해 1년 동안 방송 아카데미에 다니며 필요한 자질을 갖추고자 노력했다. 또 입사 당시 방송국에서 보는 한국어 시험에서 전체 1등을 했을 정도로 필기시험도 철저히 준비했다.

"황현정, 김주하, 정세진 아나운서들을 보면서 앵커가 되기를 꿈꿨죠. 하지만 아나운서 시험 준비 과정에서 외모나 실력이 뛰어난 지원자들을 많이 보고는 자격지심도 들었어요. 가장 힘든 것이 자기와의 싸움이었죠. 공부는 꾸준히 착실히 하려고 노력했고, 스터디 모임에도 참여했는데 도움이 많이 됐어요."

그녀는 입사 이후 운 좋게도 자신이 원하는 교양 프로그램이나 뉴스를 많이 진행했고 입사 3년 차에 사내 오디션을 통해 9시 메인 뉴스 진행자로 발탁돼 앵커가 되겠다는 꿈을 마침내 이루었다.

카메라 온도는 36.5도

"현재 제 하루는 모든 것이 9시 뉴스 진행에 맞춰져 있어요. 하루 종일 방송과 신문 뉴스를 모니터합니다. 오후 2시에 편집 회의에 참석한 뒤 3시부터 화장과 머리 손질을 마치고 뉴스 기사가 나오기 시작하는 6시부터 본격적인 멘트 작성에 들어갑니다. 처음 1년 동안에는 라디오 방송도 병행했지만 지금은 9시 뉴스만 맡고 있어요. 그래서 시간은 많은데 생방송인 메인 뉴스를 진행한다는 부담감 때문에 마음의 여유가 없어요. 하지만 지금 하는 일에서 최선을 다하려고 합니다."

뉴스를 진행하면서 가장 기억에 남는 기사를 물었더니 안타까운 기사들을 먼저 떠올렸다.

"아동 성폭행 사건인 '나영이 사건'이 가장 기억에 남아요. 매일 편집 회의에 참가하지만 저는 의견을 많이 내지는 않는 편이예요. 하지만 이 사건에 대해서는 비중 있게 다루어야 한다고 의견을 강하게 냈는데 많이 받아들여졌어요. 다시는 그런 일이 없도록 하려면 언론에서 관심을 더 많이 가져야 한다고 생각해요. 이런 보도를 통해 구조적 문제가 개선되는 것을 보면서 언론인이라는 데 자부심을 느낄 수 있습니다."

천안함 사태도 그녀에게는 기억에 남는 뉴스 중 하나다. 뉴스 진행을 하며 장병들의 시신이 발견된 현장에 나가 있던 기자의 이름을 부르는데 자신도 모르게 목이 메여 울음이 나오려는 것을 간신히 참았다고 한다.

"넉넉하지 못한 가정 형편에도 불구하고 군 복무를 성실하게 하며 가족을 생각했던 희생자들의 이야기를 전할 때 제가 때론 무언가에 불평했던 일이 떠올라 반성하게 됐어요. 뉴스는 딱딱한 내용이지만 전부 사람들의 이야기죠. 뉴스를 진행하면서 사람과 삶에 대해 많이 배우며 성숙해지는 것 같아요."

조수빈 아나운서는 1년 동안 9시 뉴스를 진행하면서 새벽 5시부터 한시간 동안 라디오 프로그램도 함께 진행했다. 그녀는 이 프로그램에 대한 애정이 남달라 마지막 방송을 하며 많이 울었다.

"마지막 라디오 방송에서 제가 소개한 사연이 백혈병으로 투병하는 여성분의 이야기였어요. 이 청취자는 1년 전 자신의 사연이 소개된 뒤로 계속 제 방송을 들으며 투병 생활을 했다는 거예요. 저도 그분의 사연을 소개하며 '이분은 어떻게 살고 있을까요?'라고 말했던 기억이 나서 한 시간 내내 울었어요. 라디오 방송을 마치고 개인적으로 전화 통화도 했는데 그분은 저와 통화를 하며 더 많이 우시더라구요.

원래 새벽 프로그램은 아침 일찍 출근하거나 늦게까지 일하시는 등 생활이 힘든 분들이 많이 들거든요. 밤 9시 뉴스와 새벽 5시 방송을 병행하면서 스케줄이 맞지 않고 건강이 나빠져 그만뒀는데 제가 이기적이었던 것은 아니었나 반성을 많이 했어요."

그녀는 메인 뉴스 방송을 그만두게 되면 다시 라디오를 제대로 진행해 보고 싶다고 말했다.

"카메라의 온도는 36.5도! 한창 아나운서 시험을 준비하던 어느 날 일기에 적은 문구입니다. 지금도 방송을 할 때는 카메라에도 사람의 체온이 실릴 수 있다고 생각합니다. 자신만을 생각하며 달려가는 화려한 방송인보다 늘 주변을 돌아보며 36.5도의 체온을 유지하는 따뜻한 방송인이 되고 싶습니다."

뛰어난 외모보다는 신뢰감을 주는 이미지가 중요

아나운서는 뉴스 앵커 외에 예능과 교양 프로그램 MC와 스포츠 캐스터, 음악 프로그램을 진행하는 라디오 DJ 등 텔레비전과 라디오에서 다양한 프로그램을 진행한다. 프로그램의 성격에 따라 특성은 조금씩 다르지만 시사와 문화 등 다양한 분야에 대한 관심과 순발력이 있어야 한다는 공통점이 있다. 아나운서가 되려면 어떤 자질이 필요할까?

첫째, 표준어를 정확히 구사할 줄 알아야 한다. 표준 어휘와 표준 억양이 모두 중요한데 정확한 발음에 사투리 억양이 없어야 한다.

둘째, 시청자에게 호감을 주고 단정하고 신뢰감이 느껴지는 외모가 필요하다.

셋째, 친화력이나 인간미도 필요하다.

"방송국에서는 뛰어난 외모보다는 단정하고 지적인 얼굴을 선호합니다. 신뢰감과 친화력이 모두 중요한데 뉴스 앵커는 신뢰감이 좀 더 중시되고 예능 프로그램 진행자는 친근한 이미지가 강조됩니다. 최근에는 아나운서의 예능 프로그램 출연도 늘어 귀여운 이미지를 갖춘 사람도 선호합니다."

아나운서는 단순히 예쁘고 말을 잘하는 것이 아니라 '내적인 자질'과 '이미지' 관리가 중요하다. 아나운서로서 내실을 쌓기 위해서는 다양한 경험을 많이 하고 생각을 키워야 한다.

"교만하지 않게 보이는 것도 중요합니다. 단순히 교만하지 않게 보이는 것이 아니라 실제로 교만하지 않아야 하죠. 첫인상이 비호감인 진행자라고 해도 시청자들이 점차 좋아해 주는 경우도 있고 그 반대인 경우도 있죠. 평소 생활 습관과 사고방식을 좋게 관리하면 이미지도 좋아지고 방송에서도 자연스럽게 드러나기 마련이지요. 그렇기 때문에 먼저 인성을 갖추어야 합니다. 이밖에도 아나운서는 프로그램을 이끌어 가야 하므로 자신감도 중요하고 사교력과 친화력도 필요합니다."

진행하는 프로그램에 따라 강조되는 자질은 조금씩 다르다. 뉴스 앵커는 폭넓은 지식으로 뉴스의 가치를 판단할 줄 알아야 한다. 진행 도중 시시각각 바뀌는 상황에 대처할 수 있도록 순발력도 필요하다.

"뉴스의 경우 방송용 앵커 멘트는 기자들이 넘기지만 문장이 길거나 읽기에 적합하지 않은 경우도 있는데 그런 경우 앵커가 자신의 입맛에 맞게 다시 고쳐 씁니다. 그러려면 뉴스 전체의 흐름을 꿰고 있어야 하고 적당한 문구로 문장을 재구성할 수도 있어야 합니다.

순발력도 중요합니다. 뉴스는 시나리오대로 가는 것이 아니라 진행하는 도중에 기사 순서가 바뀌거나 빠지는 경우도 많습니다. 눈으로는 기사를 보면서 입으로는 읽고, 귀로는 뉴스 피디의 사인을 들으면서 표정 관리까지 해야 하니 정신이 없어요."

아나운서는 오락 프로그램 MC, 라디오 DJ, 방송 내레이션 등 어떤 역할을 맡더라도 그 분야에 대한 일정 수준 이상의 지식과 꼼꼼한 사전 준비가 필수이다. 아나운서는 어떠한 프로그램을 진행하든 자신만의 설계도를 준비해 출연자와 시청자를 연결하는 다리가 되어야 한다는 설명이다.

"최근 예능 분야 아나운서들이 부각되면서 일부 지망생들은 연예인과 아나운서를 혼동하기도 합니다. 하지만 아나운서는 전문직이에요. 인기만을 좇아 들어오면 계속 하기 힘듭니다. 방송에 대한 애정, 사람에 대한 애정이 없이는 버티기가 힘들지요."

프로그램의 진행자로서 인터뷰를 잘하는 비법을 물었다.

"자신감이 있으면서도 겸손해야 합니다. 자신감을 가지려면 사전에 준비를 철저히 해야 하죠. 하지만 아는 척하면 안 되고 상대가 저명한 학자든 평범한 사람이든 존중하는 태도를 보이고 좋은 내용을 끌어내야죠. 상대를 편하게 만드는 것도 비결인데 저는 상대의 말을 열심히 듣고 눈빛으로 좋은 내용을 듣고 싶다고 알려 줍니다."

아나운서의 장점은 무엇일까?

"일 자체가 늘 새롭다는 것입니다. 질릴 수 없죠. 기본적으로 아나운서는 텔레비전과 라디오를 통해 뉴스와 정보를 전달하는 앵커나 진행자 역할을 하지만 음악 프로그램을 진행하는 DJ, 쇼의 MC, 성우들이 주로 하는 내레이션 등 다양한 분야에서 재능을 발휘할 수 있어요. 저 스스로도 방송을 하면서 다른 사람들이 살아가는 것을 보고 배우지만, 방송을 통해 많은 사람들에게 도움을 주고 영향력을 미칠 수 있다는 것도 보람입니다."

단점도 있다. 우선 경쟁률이 치열해 되는 과정이 어렵다. 또 방송을 하고 준비하는 동안의 긴장감도 크다.

"정도의 차이는 있지만 대부분의 아나운서들이 생방송이나 영향력이 큰 프로그램을 진행한다는 긴장감 때문에 스트레스도 많이 받습니다. 10분의 방송을 위해 한 시간 때론 열 시간을 준비하지요. 아나운서는 이글거리는 불 속에서 단련되는 쇠처럼 평소 끊임없이 자신을 연마해야 합니다. 화려해 보이지만 방송사 안에서는 수많은 직원들 중 한 명일 뿐이고 연봉도 사람들이 생각하는 것처럼 많지는 않습니다."

또 시간이 지나고 경륜이 쌓인다고 해서 지위가 상승하지도 않는다. 오히려 주요 프로그램 진행을 놓고 선배와 후배들과도 경쟁하고 연예인 등 외부 진행자와도 경쟁해야 한다는 것도 단점이다.

"저도 시험을 준비하면서 많이 불안했어요. 결국 자기와의 싸움인 것 같아요. 거창한 계획이 목표를 이루게 하는 것은 아닙니다. 저는 늘 제게 주어졌던 아주 작은 일도 열심히 하고자 했어요. 고등학교 때 수업 시간부터 대학 시절 친구들과 보낸 시간과 언론사에서 인턴으로 일한 시간 등 매 순간 최선을 다하려고 노력했습니다. 그리고 입사한 뒤에는 1분짜리 라디오 뉴스도 열심히 했습니다. 작은 일을 열심히 하다 보면 더 큰 행운은 따라오기 마련입니다."

선배 앵커들을 보면서 닮기 위해 부단히 노력했다는 조수빈 아나운서. 그녀의 성공 비결은 주위의 조언을 구하고 여러 경험을 쌓으며 효율적으로 진로를 선택한 점, 목표를 향해 쉬지 않고 노력한 점에 있다. '목표는 높게, 실천은 한 걸음씩 꾸준히'가 정답인 셈이다.

Tip1 어떻게 아나운서가 되나?

아나운서가 되려면 방송사의 입사 시험에 합격해야 한다. 주로 서류 심사와 필기시험, 카메라 테스트 겸 실기 시험, 면접 순으로 시험을 본다.

필기시험은 영어와 국어, 상식, 논술 등을 보는데 영어는 토익과 토플 등 공인 성적으로 대체하는 곳이 많다. 실기 시험은 카메라 앞에서 뉴스 원고를 읽게 하는데 표준어를 구사하는지, 화면은 잘 받는지 동시에 본다.(낭독 연습을 할 때는 자신의 목소리를 들어야 하기 때문에 녹음기를 사용하는 것이 좋고, 면접에서는 방송용 분장이 필요하다.) 실기 시험에서는 면접이 가장 중요한데 여러 차례 실시한다. 주로 카메라에 촬영되는 화면과 발음, 이미지, 순발력, 재능과 자질 등을 본다.

지상파 방송의 경우 4년제 대학 졸업자 이상부터 지원이 가능하며 전공 제한은 없다. 여러 전공자들이 선발되나 문과 계열 전공이 더 많은 편이다. 관련 아카데미에서 아나운서 과정을 교육받는 것도 도움이 된다.

Tip2 아나운서가 하는일

아나운서는 텔레비전과 라디오에서 뉴스 앵커, 교양이나 오락 프로그램 MC, 스포츠 캐스터, 라디오 DJ, 내레이션, 의식 중계 방송 등을 하며 최근에는 예능 프로그램에 보조 출연자로 참여하기도 한다.

Tip3 연봉은?

한국직업능력개발원의 '산업 직업별 고용 구조 조사'에 의하면 아나운서와 리포터의 수는 3,085명이며, 이 가운데 여성은 44.7퍼센트를 차지하고 있다. 학력별로는 대졸이 53.4퍼센트, 고졸이 38.3퍼센트이며, 전체 아나운서들의 월 평균 임금은 313만 원이다.

하지만 방송사에 따라 월급 차이가 크고 방송사 내부에서도 정규직과 계약직에 따라 연봉과 직업적 안정성 차이가 크다. 지상파 방송의 정규직 아나운서는 대기업 사무직보다 월급이 약간 더 많다.

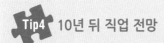 ## 10년 뒤 직업 전망

정보 통신의 발달로 지상파 방송뿐 아니라 케이블 텔레비전, 인터넷 방송, 위성 방송 등 새로운 방송 매체가 등장하고 있어 아나운서의 고용은 늘어날 것으로 전망된다. 하지만 보수와 직업적 안정성은 방송사 규모에 따라 크게 차이가 날 것이다. 지상파 방송은 공개 채용을 통해 정규직으로 아나운서를 채용하지만 나머지 방송사들은 계약직으로 채용하는 곳도 적지 않다.

또한 아나운서 직종은 점점 더 전문화되고 세분화되는 추세여서 앞으로는 보도 앵커와 프로그램 진행자로 나눠 선발하게 될 가능성도 있다.

초라했던 취업 준비생에서
국제 교섭 무대의 주역으로

외교관 김효은

1967년 서울에서 태어나 연세대학교 정치 외교학과를 졸업하고 1992년 외무 고시에 합격해 외교관이 되었다. 1996년 미국 시애틀 워싱턴대학교 국제관계학 석사, 1998년 주 유엔 대표부 2등 서기관, 2002년 주 루마니아 대사관 1등 서기관 등을 역임했고, 2005년 부산 APEC 정상 회의 실무를 총괄했다. 외교부 기후 변화 팀장을 거쳐 현재 주 OECD 대표부 참사관으로 재직 중이다. 저서로 『외교관은 국가 대표 멀티플레이어』가 있다.

고시생들은 혼자 공부하다가 어느 날 갑자기 합격 사실을 알리고 싶어 합니다.

하지만 모두에게 시험을 준비한다고 알리세요.

그래야 정보도 얻을 수 있고 도와주는 사람도 생깁니다.

— 외교관 김효은

'최전방을 수호하는 총 들지 않은 전사'를 자처하는 외교관을 가장 가까이서 본 것은 한국과 호주 사이의 FTA(자유무역협정)를 취재하는 자리였다. 필자는 당시에 한국 취재단에 포함돼 양국 대사(외교관 가운데 최고 직급)의 거처인 대사관저에 초청받아 최고급 인테리어와 요리, 매너가 더해진 '의전의 진수'를 경험할 수 있었다.

주한 호주 대사는 직접 현관 입구에서 손님을 맞았고 기자들이 거실에 들어선 순간 한국의 가요 「동백 아가씨」가 잔잔하게 흘러나왔다. 대사는 자신이 제일 좋아하는 노래라며 한국에 대한 친근감을 표현했다.

저녁 식사에서 호주 대사는 호주산 쇠고기와 와인을 대접했는데 쇠고기와 와인은 호주 측이 우리와 FTA 협상을 통해 수출량을 늘리고 싶어 했던 품목으로 속내가 드러나는 접대이기도 했다. 대사는 다방면에 걸친

풍부한 식견과 품격 있는 유머를 보였지만 북한 문제나 FTA 협상 등 민감한 주제가 나오면 온화한 표정을 유지하면서도 간결하게 자국의 원칙만 말하는 노련함을 보였다. 외교관들이 말하는 '화려한 파티 뒤편의 피말리는 긴장'의 단면을 보여 주는 듯했다.

20년 차 외교관인 김효은 참사관을 외교부에서 만났을 때 그녀의 첫인상은 세련되고 상냥한 느낌이었다. 하지만 인터뷰를 시작하자 부드러운 카리스마가 읽혔다. 그녀는 인터뷰를 하기 전 구체적인 질문지를 이메일로 미리 보내 줄 것을 요청했고 답변을 정리해서 건네주었다. 특별히 꼼꼼한 성격인가 보다 하고 생각했는데, '협상에 앞서 배경 문서를 만드는 일'이 외교관으로서 몸에 밴 습관이라는 것을 나중에 알게 됐다.

외교의 성패는 준비에서 갈린다

2005년 11월 19일 부산 누리마루 APEC(아시아태평양경제협력체) 하우스. 당시 노무현 전 대통령이 나머지 스무 개 APEC 회원국 정상들과 함께 한복 두루마기를 입고 정상 선언문을 발표했다. 우리나라가 의장국으로 이틀 동안 개최한 APEC 정상 회의가 성공적으로 끝이 난 순간, 뿌듯한 표정으로 지켜보는 실무자들 사이에는 김효은 참사관도 있었다.

"한 번의 정상 회의가 열리려면 1년 내내 실무급 회의가 수십 차례 열립니다. 저는 당시 1년 동안 차관보급이 모인 고위관리회의(Senior Officials' Meeting) 의장실에 배속돼 일했습니다. 스물한 개 회원국 실무자들의 의견을 모아 회의 의제를 정하고, 공식 회의에서 최종 결과물을 낼 수 있도록 배경 문서를 만드는 일을 했죠. 그래서 1년 내내 각국 실무자들과 전화와 이메일을 주고받았습니다."

김효은 참사관은 정상 회의 한 달 전부터 다른 실무자들과 함께 부산 사무실에서 상주하며 하루 한두 시간씩 자면서 회의를 준비했다. 정상 회의 전에 열리는 고위급 회의들을 점검하고 정상 선언문과 각료 선언문을 다듬어야 했기 때문이다.

외교에서는 흔히 '탁월한 판단력'과 '강철 같은 체력', '뛰어난 순발력'이 중요하다고 한다. 그러나 이 세 가지보다 더 중요한 것이 있다. 성공은 회의장에 가기 전 사전 준비에서 결정된다는 사실이다. 회의 테이블에 앉기 전에 여러 나라 외교관들의 이야기를 들어 보고 물밑에서 조율하는 것이 성공의 열쇠다.

김효은 참사관은 다음 해 APEC 예산운영위원회 의장이 돼 이것을 실천했다.

"저도 회의 주재에 앞서 사전 준비를 철저히 했습니다. 2년 전부터 모든 예산운영위원회 회의에 참석하고 과거 회의 기록과 각국이 제출한 100여 개 프로젝트 제안서들을 꼼꼼히 검토했습니다. 핵심 그룹들을 만나 논쟁거리를 파악하고 각국 대표들과 좋은 관계를 유지하려고도 노력했죠. 덕분에 회의 기간 동안 각국 대표들끼리 의견 충돌을 빚었을 때도 제가 의장 제안을 내 합의안을 이끌어 낼 수 있었죠."

2005년 APEC 정상 회의는 우리나라가 국제 회의에 참여만 하는 데서 벗어나 직접 주관했다는 점에서 외교사의 한 획을 그은 일이었다. 김효은 참사관의 개인 이력에도 '외교의 진수'를 가장 역동적으로 배운 경험으로 기록된 일이다.

시험 준비는 혼자 하지 말고 주위에 알려라

김효은 외교관은 1992년 외무 고시 26회로 합격했다. 대학을 졸업하고 2년이 지나서였다. 만 25세의 나이로 외교관이 된 그녀가 처음 이 직업을 꿈꾼 것은 고등학교 때였다.

"신문 기자인 아버지의 영향이 컸습니다. 아버지께서는 20년 동안 신문사 국제부에서만 일하셨는데 국제 사회가 돌아가는 이야기를 많이 들려주셨어요. 한미 정상 회담이나 한일 정상 회담을 취재한 이야기나 1980년대 말 동유럽 상황 등이 식탁의 화젯거리였습니다. 당시 우리나라는 일반인은 해외여행하기가 쉽지 않던 시절이었는데, 저는 도쿄 특파원인 아버지 덕분에 고등학교 방학 기간에 일본을 여행하기도 했습니다. 여행을 통해 세계 속 우리나라에 대해 생각해 볼 기회를 가졌죠. 아버지를 통해 외교관들의 이야기를 들으며 멋진 직업이라고 생각했습니다."

이후 그녀는 정치 외교학과로 진학했다. 그러나 돌이켜보면 간절하게 외교관이 되기를 원했다기보다는 막연하게 꿈꾸는 수준이었다고 한다.

"처음에는 대학 졸업 전에 외무 고시에 합격해야겠다는 생각도 했는데, 막상 입학하자 달라졌어요. 대학교 1학년 때 외무 고시에 합격한 한 선배의 강연회에 참석했습니다. 당시 외무 고시는 1년에 스무 명밖에 뽑지 않는데 외교관이 되겠다고 강연회장을 가득 메운 수백 명을 보고 우선 기가 죽었죠. 더구나 외무 고시 준비는 고 3 시절보다 어렵다는 말에 자신감을 상실했어요.

그래서 몇 년 동안 결단을 내리지 못하고 그런 자신을 스스로 정당화시켰던 것 같아요. 대학에 들어왔으니 우선 좀 놀고, 여행도 하고, 동아리 활동도 하면서 시야를 넓힌 뒤 다양하게 진로를 모색하는 것도 괜찮다고 생각했죠."

대학 4학년이 돼서야 3년 동안 모른 척했던 자신의 꿈을 다시 상기시키고 마음을 다잡았다. 진정으로 바라는 것을 하기 위해 기약 없는 운에 자신을 내맡기고, 본격적으로 외무 고시 공부를 시작했다.

"눈높이를 낮춰도 여대생이 취업할 곳은 많지 않았고, 당시만 해도 일반 기업체는 나이 제한이 더 심했어요. 차라리 원하는 일에 정면 돌파해 보자고 생각했죠. 준비 첫해인 대학 4학년 때는 연습 삼아 응시해서 시험을 보고 공부 방향만 잡았어요."

대학 졸업식장에서 그녀는 초라한 느낌을 받을 수밖에 없었다.

"모두들 직장을 구해 활짝 웃으며 교문을 나서는데 저만 대비됐어요. 외무 고시를 준비한다는 것 외에 보장된 것은 없었죠. 그래도 불안하지는 않았어요. 무엇을 할지 정하지 못했던 순간에는 불안하지만 일단 목표를 정하고 나면 몸은 힘들어도 마음은 편해지는 것이 아닐까요? 마음을 다잡고 다시 고 3이 된 것처럼 앞만 보고 공부했습니다. 매일 열세 시간씩 집중해서 공부하는 시간을 확보해 공부만 했어요. 할아버지 생신 잔치에도 못 갔고, 화장으로 멋을 낸다는 것은 생각도 못 했어요."

다행히 대학을 졸업하고 1년 6개월 뒤 그녀는 당당히 외무 고시에 합격했다. 목표를 정한 뒤에는 흔들리지 않고 시험 공부에만 매달린 결과였다.

"고시생들은 대개 혼자 숨어서 공부하다가 어느 날 '짠' 하고 나타나 합격 사실을 알리고 싶어 합니다. 하지만 모두에게 시험을 준비한다고 공표하는 게 좋아요. 시험에 대한 두려움, 떨어졌을 때의 창피함, 주변의 동정과 비난도 감수하겠다고 배수진을 치세요. 가족과 친구, 교수님께 알려야 정보도 얻을 수 있고 도와주는 사람도 생깁니다."

김효은 참사관은 외무 고시에 합격하고 2년 뒤 미국 시애틀에 있는 워싱턴대학교에서 유학을 해 석사 학위도 땄다.(외무 고시 합격자들은 2~3년 안에 견습 차원에서 국비 유학을 다녀온다.) 그녀는 1998년부터 4년 동안 뉴욕에 상주한 주 유엔(UN) 대표부에서 2등 서기관으로 인권과 개발(개발 도상국의 경제적, 사회적 성장을 지원하는 업무) 문제를 담당했다. 이후 3년 동안 주 루마니아 대사관에서 1등 서기관으로 경제와 홍보 업무를 맡았다. 2005년에는 부산 APEC 정상 회의 실무자로 참여했고, 2009년에는 기후 변화 팀장으로 코펜하겐에서 열린 기후 변화 협약 총회에 실무자로 참여했다.

"기후 변화 협약은 이산화탄소를 얼마나 줄일 것이냐 하는 문제를 놓고 선진국과 개발 도상국이 대립하는 양상이죠. 선진국은 개발 도상국도 이산화탄소 감축에 동참하라고 압박하고, 개발 도상국은 선진국이 앞서 만든 문제이니 선진국부터 줄이라는 식이죠. 선진국도 개발 도상국도 아닌 우리나라는 중간자적 위치를 활용했습니다. '국제적 등록부'를 만들어 각 나라가 이산화탄소를 줄이기 위해 자발적으로 할 수 있는 만큼 '감축 행동'을 정해 노력하자고 제안했는데 코펜하겐 합의문에 포함됐어요. '선진국들이 만든 국제 질서'에 따라가는 데 치중했던 우리나라 외교의 틀이 바뀌는 순간이었죠."

작은 일을 잘해야 큰일을 잘하는 사람이 된다

외교관은 화려한 직업일까? 맞기도 하고 틀리기도 하다.

앞서 소개한 중요한 협상을 하는 시간은 일부분이고 대부분의 시간 동안 외교관은 자료 조사와 같은 준비를 한다. 특히 주니어 외교관들은 초기 몇 년 동안 서무와 예산 등 총무일을 하면서 보낸다. 힘들게 외교부에 들어온 새내기 외교관들은 정책 수립이나 협상 등 그럴듯한 '외교' 업무가 아니라 '잡일'로 많은 시간을 보내는 것에 실망스러워한다. 하지만 외교관은 사소해 보이는 '잡일'을 잘해야만 '큰일'을 하는 사람으로 키워진다.

김효은 참사관도 '잡일'을 거쳐 5년 만에 당시 김영삼 전 대통령의 중남미 순방에 실무자로 동행하게 됐고, 획기적(?)으로 중요한 업무를 맡았다.

"수행원들의 여권을 갖고 다니며 출입국 수속을 대리하는 일이었는데 제가 200개의 여권이 담긴 가방을 직접 들고 다녔어요. 한 개라도 잃어버릴까 봐 열흘이 넘는 출장 기간 내내 긴장해 잠도 제대로 못 잤던 기억이 납니다."

1998년 김대중 전 대통령 축하 취임 만찬에서는 만찬 담당 실무자로 격상됐다.

"우리끼리는 밥상 담당으로 불렀죠. 두 달 동안 밤 12시 전까지는 퇴근을 못 했어요. 만찬회장에 참석할 칠십여 명 가운데 초청 리스트에 누구를 넣고, 좌석 배치는 어떻게 할지, 무슨 음식을 먹을지, 축하 공연은 어떻게 할지, 메뉴판을 어떻게 만들지 등을 결정하는 일이었어요. 뭐가 어렵겠나 싶겠지만 모든 것을 객관적으로 설명할 수 있는 기준에 따라 정해야 하니까 힘들었죠."

그녀가 '화려한 외교관'다운 일을 경험한 것은 9년 차가 돼서였다. 2000년 6월 유엔여성특별총회 당시 국제 회의에 실무 담당자로 파견돼 최종 합의문 발표를 물밑에서 조율하는 '실무자급 협상'에 처음 참여했다.

"당시에 '동성애자의 권리 보장'에 관한 문제가 쟁점이 됐어요. 유럽 국가가 내놓은 이 제안에 이슬람 국가들이 반대하면서 격렬히 대립했어요. 신기한 것은 항상 마지막 날에는 반드시 결론이 나온다는 점입니다. 일주일 동안 협상하고 결론을 내지 못 하다가 마지막 날 밤샘 협상을 벌여 새벽 6시에 우리가 내린 결론은 '동성애자 문제를 제외'하는 내용으로 합의문을 내는 것이었죠."

이 협상에서 그녀는 각국의 가치관과 이해관계가 첨예하게 대립하는 '다자 외교'의 진수를 경험하고나서 중견 외교관이라는 이름표를 얻게 됐다.(외교관은 보통 10년이 지나면 '중견 외교관'이라고 하고 20년 정도 되면 '시니어 외교관'으로 불린다.)

밥 먹는 일도 외교관의 업무

시니어 외교관인 그녀는 각국에서 보내 온 보고서로 하루를 시작한다. 출근하면 세계 곳곳에 퍼져 있는 우리 대사관과 대표부에서 보내 온 보고서들을 먼저 점검해 외교부 내에서 결정하거나 관계 부처와 협의해 처리한다. 이어 국내외 신문들을 살펴보면서 업무와 관련한 국제적인 이슈를 확인한다.

"공식 퇴근 시간은 6시지만 제시간에 퇴근하는 경우는 드물어요. 전화를 받거나 회의에 참석하고 관계 부처와 협의하고 시급한 업무를 챙기다 보면 퇴근할 시간이 임박합니다. 그래서 차분하게 보고서를 작성하는 것은 밤이나 주말에 하게 됩니다."

외교관들이 하는 업무는 기본적으로 국가 이익을 옹호하는 것이다. 주로 외국과의 교섭 업무를 담당하고 자국의 정치와 경제, 문화를 홍보한다. 외교관은 연간, 월간, 주간 단위 스케줄에 따라 일한다. 연간 스케줄은 정상 회담이나 국빈급 방문, 국제 회의 등을 중심으로 결정되고 이에 따라 월간 스케줄, 다시 주간 단위 스케줄을 세운다. 하지만 '천안함 사태'나 '연평도 도발'과 같은 긴급한 사안에는 바로 대응한다.

외교관들은 늘 '마감 시간'에 시달린다. 하루 일과 중 오전에 결정한 내용을 오후까지 여러 나라 해외 공관에 알려 주고 반대로 해외에 나가 있을 경우에는 본국에 알려야 한다.

정보원 확보를 위한 인맥 관리도 중요한 일이다.

"외교관들은 밥 먹는 일도 업무예요. 점심과 저녁 식사 때에는 업무상 만나야 할 사람을 만나 정보를 얻거나 문제를 논의하고 인맥 관리도 합니다."

공무원인 외교관이 일반 공무원과 가장 다른 것은 외국 파견 근무가 잦다는 점이다. 주로 국내 근무와 외국 파견이 3년을 주기로 이뤄진다. 해외 근무를 나가면 정무와 경제, 문화 홍보, 영사, 총무로 업무가 나뉜다. 부임한 나라의 정치적 사건과 상황을 보고하고 주재국과의 관계 개선에 힘쓰고, 해외 동포와 해외에서 여행하는 자국민을 보호하는 일을 한다. 업무상 외국에서 사는 일이 잦다는 것은 장점이면서 단점이 되기도 한다.

평생 상승 곡선을 그린다

외교관의 가장 큰 장점은 평생 상승 곡선을 그리는 직업이라는 것이다. 외교관은 외교부에 들어가자마자 국비 유학 기회를 가질 수 있다. 외교관들은 시간이 지날수록 계속 능력을 향상시킬 기회를 얻고, 지위도 올라가고, 권한이나 영향력도 커진다.(이처럼 평생 상승 곡선을 그리는 직업은 많지 않다. 예를 들면 기자는 1년 차든 10년 차든 취재하고 기사를 쓴다는 점에서 크게 다르지 않다.)

또 외교관은 다양한 국가와 문화를 접할 수 있다. 여행에서 그치는 것이 아니라 외국에서 살아 보고 여러 나라의 지도층 인사들과 교류할 수 있고 이 같은 경험으로 인생의 폭을 넓힐 수 있다.

국가를 대표하는 직업인 만큼 명예와 자부심이 대단하다는 장점도 있다. 외교관들은 자신을 '최전방에서 국가를 수호하는 총 들지 않은 전사'라고 부른다. 한번 대사는 은퇴해도 평생 대사로 불린다.

반면 단점도 있는데 첫째가 체력적으로 힘든 직업이라는 점이다.

"국내에서는 시차가 다른 나라들을 상대하며 일해야 하기 때문에 야근이 잦고, 해외에서는 우리나라보다 훨씬 열악한 환경에서 근무하고 생활해야 하는 경우가 많아요. 또 중요한 협상을 할 때면 며칠씩 밤을 새우기도 해 평소에 체력 관리를 잘 해야 합니다. 외교부 직원들 중에는 과로로 사망하거나 위중한 병을 얻는 비율이 높다는 속설이 있어요."

게다가 본인뿐 아니라 가족들의 희생도 필요한 직업이다. 외교관이 해외로 파견 나가면 가족들도 따라가는 경우가 많은데 새로운 문화에 적응하는 것이 스트레스가 되기도 한다. 때론 아프리카나 서남아시아처럼 치안이 불안하거나 생활 여건이 좋지 않은 곳에서도 생활해야 한다. 해외 파견 국가는 대다수가 선호하는 선진국과 생활 여건이 힘든 후진국을 오간다.

"우리들은 온탕과 냉탕을 오간다고 표현하죠. 저도 10여 년의 결혼 생활 중 절반은 남편과 떨어져 살았어요. 남편은 일반 공무원이기 때문에 함께 갈 수가 없죠. 그나마 뉴욕에서 근무할 때는 남편도 미국에서 공부하는 중이어서 함께 살았지만 제가 루마니아 대사관에서 근무할 때는 3년 동안 '분기별 부부'로 살았어요. 루마니아에서 아이를 출산했는데 돌봐 줄 현지인이 마땅치 않아 친정 어머니가 아버지와 생이별을 한 채 서울에서 루마니아로 건너와 1년 반 동안 손자를 돌봐 주셨죠. 저 때문에 부모님도 분기별 부부로 사셨어요. 어머니께서 서울에 계신 아버지를 만나기 위해 세 달에 한 번씩 서울에 가셨다 루마니아로 오시는 생활을 반복했으니까요."

이외에도 결정적인 단점을 꼽으면 외교관은 되기 어렵다는 것이다. 사법 고시가 연간 수백 명을 뽑는데 비해 외교관 채용은 특별 채용을 합쳐도 연간 100명을 넘지 않는다.

외교관은 태어나는 것이 아니라 만들어진다

"외교관은 자국과 관련해 어떤 주제가 나오든 전문가와 10분 이상 대화할 수준이 돼야 합니다. 외국어도 잘해야겠지만 국제 정치와 국제법, 국제 경제 등 기본적 내용을 알고, 문제의 핵심을 빨리 파악해 간결하게 표현할 줄 알아야 합니다."

외교관이란 한마디로 '국가를 대표하는 멀티플레이어'다. 그녀가 말한 외교관의 자질을 정리해 보면 다음과 같다.

첫째, 외국어와 국제법과 같은 지식을 기본적으로 갖추어야 한다. 둘째, 상황 파악이 빠르고, 순간적 판단력이 있어야 한다. 느긋해 보이는 외교관은 있어도 실제로 느긋한 외교관은 없다. 셋째, 외교관들은 다양한 분야에 대해 알아야 하고 이를 잘 표현해야 한다. 다양한 분야의 안건에 대해 끊임없이 읽고 공부하고 머릿속에 정리된 모범 답안을 준비하고 있어야 한다. 넷째, 협상을 통해 타협안을 내기 위해 상대를 설득할 수 있어야 한다. 다섯째, 탄탄한 인간관계가 필요하므로 매너가 좋고 타인을 배려하며 겸손해야 한다. 각국 외교관들은 신참에서 시작해 대사까지 가는 경우가 많은데, 결정적 순간 좋은 결과를 가져오는 것은 인맥이고 평판이다.

도대체 이렇게 완벽한 사람이 있을까 싶은데 다행히 김효은 참사관은 위안을 주는 말도 덧붙였다.

"이 모든 자질이 하루아침에 갖추어지지는 않고, 일단 외교부에 들어와 선배들을 보면서 배우고 자질들을 계속 키워 나가야 합니다. 외교관은 태어나는 것이 아니라 만들어집니다."

그렇다면 외교관이 되는 비법은 무엇일까? 무엇보다 기본에 충실해야 한다.

"평소에 외국어를 꾸준히 공부하고 관련된 수업을 듣고 부족한 부분을 공부해 기초를 튼튼히 해야죠. 신문과 시사 잡지, 연구 논문 등도 읽어야 하고 각종 세미나와 학회에 참석하는 것도 좋죠. 친구들과 스터디 그룹을 만들어 토론하는 것도 도움이 됩니다."

외교관 채용 시험은 현실과 동떨어진 것이 아닌 만큼 현실과 접목해 공부해야 한다. 그녀가 외무 고시를 보던 해 2차 논문형 시험 문제는 '외교관의 특권과 면세 특권에 대해 논하라'는 것이었다. 국제법을 공부하면 외교관이 어떤 특권과 면제를 받는지 알 수 있지만 단순히 사실만 외워서 쓰면 좋은 점수를 받기 어렵다. 시험 주제와 관련하여 최근 쟁점이 될 만한 외교적 사건이 있었는지 연계해서 쓰거나 한 걸음 더 나아가 '우리나라에 와 있는 외교관이 음주 측정을 거부한다면 어떻게 할 것인가' 하는 식으로 국내외 현실과 접목해 논리적으로 답안을 써야 한다.

"무엇보다 실력을 드러내고 감추지 마세요. 미천하더라도 내 실력을 객관적으로 드러내면 실력을 키우는 방법이 보입니다. 함께 공부하는 친구들과 모의시험을 치면서 답안지를 서로 돌려 보고, 외무 고시에 합격한 선배들과 함께 모의 면접을 할 기회가 있다면 더 좋습니다. 외교부에 들어간 선배가 있는지 찾아보고 적극적으로 도움을 요청하세요."

그녀는 대한민국은 전 세계 어느 나라보다 외교가 중요한 국가라고 강조했다.

"우리는 불과 100년 전 외교를 몰라서 나라를 빼앗긴 경험이 있고, 영토는 작고 부존자원도 별로 없고 세계 최대 강대국들에게 둘러싸여 있습니다. 또한 지구 상에 유일하게 남은 분단 국가입니다.

다른 한편으로는 불과 반세기만에 경제 성장과 민주주의를 이룩하며 국제 사회에 유례없는 성공 사례가 된 국가이기도 합니다. 앞으로 우리나라가 남북을 통일하고, 통일 한국이 국제 사회에서 당당한 지위를 향유하게 되기까지 외교관이 해야 할 일들은 산적해 있습니다. 외교관이 되고 싶다면 우선 나라를 사랑하는 마음을 가지세요. 10년 뒤, 100년 뒤 한국의 모습이 어떨지 그려 보세요. 후손들에게 자랑스런 나라를 만들겠다는 마음이 제일 중요합니다. 더 나아가 인류애도 강조하고 싶습니다. 외교관이라면 우리나라를 중심으로 국제 사회가 서로 협력해 평화롭게 사는 것을 생각하는 마음이 있어야 합니다."

외교관이 되기를 꿈꾸는 사람들에게 김효은 참사관은 다음과 같이 덧붙였다.

"우선 학교 공부를 열심히 하세요. 내가 열심히 공부하는 것이 단순히 시험에 도움이 되겠다는 생각이 아니라 평생 살아가는 데 밑거름이 되겠다는 생각으로 공부하기 바랍니다."

Tip1 어떻게 외교관이 되나?

현재의 외무 고시(2011년부터 5급공개경쟁채용시험으로 명칭이 변경.)는 2012년까지만 시행되고 이후에는 비학위 1년 과정인 외교 아카데미를 통해 외교관을 선발할 예정이다. 외교 아카데미는 서류 전형과 필기시험, 면접을 거쳐 60명을 선발하고 1년 교육 후 연수생들 가운데 약 50명이 5급 외교관으로 채용될 계획이다.(외교 아카데미는 지원 분야가 일반 전형과 영어 능통자, 제2외국어 능통자, 각 분야 전문가로 세분화되며, 암기 위주의 고시보다는 다양한 경험과 판단력이 중시될 예정이다.)

2012년까지는 외무 고시나 특별 채용 시험을 통과해야 외교관이 될 수 있다.

관련 기관: 외교통상부(www.mofat.go.kr), 사이버국가고시센터(www.gosi.go.kr)

| 외무 고시 |

외무 고시에는 응시 연령 제한이 있어 만 20세 이상 30세 미만인 사람만 응시할 수 있다. 학력 제한은 없지만 4년제 대학에서 외교학이나 법학, 어학 등을 전공한 사람이 유리하다. 합격자들의 전공은 정치 외교학과 출신이 30퍼센트 정도이고, 그 외에 법대와 경제학과, 어문 계열 출신 등 다양하다. 외무 고시는 3차 시험까지 있는데 1차는 공직 적격성을 보는 객관식이고 2차는 논문 시험, 3차 시험은 면접이다. 2차 합격자의 10퍼센트는 면접에서 떨어진다.

❶ **1차 시험(객관식)**-언어 논리 영역, 자료 해석 능력, 상황 판단 영역, 영어(공인 영어 성적으로 대체), 한국사(한국사능력검정시험으로 대체, 2012년부터 2등급 이상 받아야 외무 고시 응시 자격이 주어진다.)

❷ **2차 시험(논문형)**-필수 4과목(영어, 국제 정치학, 국제법, 경제학), 선택 1과목(독어, 프랑스 어, 러시아 어, 중국어, 일어, 스페인 어)

❸ **3차 시험**-면접

| **특별 채용 시험**|

분야별로 채용하며 수시로 공고한다. 주요 국가와의 지역 협력 분야, 다자 협력, 기획 홍보·교육 훈련·의전, 경제 통상, 특수 외국어 분야 등으로 나뉜다.

Tip2 연봉은?

한국직업능력개발원의 '산업 직업별 고용 구조 조사'에 따르면 외교관급 고위 공직자 수는 3,968명이며, 이 가운데 여성은 14.8퍼센트이다. 학력별로는 대졸이 68.4퍼센트, 석사 이상이 17.3퍼센트이다. 이들의 월 평균 임금은 411만 원이다.

Tip3 10년 뒤 직업 전망

우리나라의 외교관 수요는 늘어나고 있다. 국제 관계가 복합해지고 해외여행이나 유학, 국내 기업의 해외 진출이 많아지면서 각국 대사관이나 영사 업무가 늘어나고 있기 때문이다. 또한 강대국 사이에서 외교로 해결해야 할 일이 많고, 통일 문제 해결 등도 산적해 있다. 현재 우리와 국가 규모가 비슷한 이탈리아와 네덜란드는 우리나라보다 외교관 수가 세 배 더 많다. 우리 외교부도 장기적으로 외교관 수를 늘릴 계획이어서 앞으로 외교관의 채용도 다소 늘어날 전망이다.

도전할 수 있을지 판단하는 데만
1년이 걸렸던 변리사 시험

변리사 손정희

1974년 울산에서 태어나 울산대학교 식품 영양학과를 졸업하고
동 대학원에서 석사 학위를 받았다. 2001년 변리사 시험에 합격해
이듬해 변리사로 입문했고 현재 특허 법인 '태백'에서 근무 중이다.

흔들리는 사람은 선택하기 전에 충분히 고민하지 않았기 때문입니다.

고민은 선택하기 전에 하고 결정을 내린 이후에는 앞만 보고 달려가세요.

― 변리사 손정희

21세기 산업 현장에서 특허 소송은 '피 말리는 전쟁'이다. 국내 기업에서만 연간 100여 건씩 특허를 둘러싼 소송이 발생하고, 일부는 국제적 '특허 괴물'(알짜 특허를 사들인 뒤 기업 등에 특허 침해 소송을 제기해 수익을 얻는 조직)에 시달리고 있다. 미국 특허 단체가 최근 5년 동안 전 세계 특허 괴물 관련 소송을 집계했더니 삼성 전자가 피소 건수 1위였고, LG 전자도 6위였다. 우리나라 기업들은 해외로 수출을 많이 하면서도 특허에 대한 대비가 여전히 부족하기 때문이다.

소송 위험성이 높아지면서 최근 대기업들은 회사 내에 특허 전담 팀을 두고 기술 개발 단계에서부터 특허 침해를 피하고 특허 선점에도 힘을 쏟고 있다. 이처럼 특허와 같은 산업 재산권을 보호하는 전문 직업인이 바로 '변리사'이다. 특허의 중요성이 알려지면서 최근 변리사에 대한 관심이 커졌다.

하지만 변리사에 관해 알려진 정보 가운데에는 잘못된 것도 많다. 몇 년 전 한 신문에 연봉 1위 직업으로 변리사가 소개됐는데 이는 완전한 오보였다.(자료를 낸 기관에서 변리사들이 속해 있는 '특허 법인의 매출'을 개인 '변리사의 연봉'으로 착각한 것으로 알려졌다. 한국직업능력개발원 자료에 따르면 변리사의 월 평균 임금은 410만 원으로 변호사의 임금인 745만 원보다 적다. 하지만 이는 신고 소득이어서 변리사들의 실제 월급은 이보다 더 많다.)

또 흔히 변리사는 이과보다 문과가 유리하다고 알려져 있는 것도 오류이다. 우리나라에서는 변리사가 일한 역사가 짧고 현재 변리사로 활동하는 사람들도 2,000여 명에 불과하기 때문에 이와 같은 오해가 생긴 것 같다. 9년 차 변리사를 통해 이 직업에 대한 정확한 정보를 구했다.

얼마나 어려운지 몰랐기 때문에 도전할 수 있었다

손정희 씨는 만 28세로 변리사가 됐다. 2002년부터 수습 변리사 1년을 거쳐 정식 변리사가 됐으며 현재 특허 법인에 속해 일하고 있다. 특허 법인의 본사는 서울에 있지만 그녀는 2004년부터 자신의 전문 분야인 화학과 기계 관련 기업들이 밀집한 울산 사무실로 내려와서 일하고 있다.

손 변리사는 어렸을 때 발명에 관심이 많았다. 초등학교 때에는 경상남도 전체 발명 대회에서 2등을 하기도 했다. 그녀는 중학교 시절 수학과 과학을 좋아해 과학 고등학교에 지원했지만 탈락하고 일반 인문계 고등학교에 진학했다. 공부를 열심히 하지는 않았지만 고등학생 때부터 변리사라는 직업에 관심을 가졌다.

"부모님들께서 진로와 직업에 대한 신문 기사들을 스크랩해 저의 책상에 두시곤 했습니다. 한번은 '대한민국 최초 여성 변리사'라는 기사가 책상에 놓여 있었어요. 이때부터 변리사에 대해 막연히 관심을 가졌죠."

그녀는 고등학교에서 적성에 따라 이과를 선택했고, 식품 영양학과에 진학했다. 대학에 가서야 그동안 공부를 열심히 하지 않은 것에 대한 아쉬움이 생겼고, 변리사라는 직업에 도전해 보고 싶은 마음이 들었다.

"직업의 첫째 조건은 좋아하고 평생할 수 있을 만한 일이어야 한다는 것입니다. 변리사는 기술과 법을 접목해 발명을 법으로 보호하는 직업인데 '과학 기술'은 어려서부터 좋아했고 '법'은 대학 입학 후 관심을 가졌기에 변리사는 제게 잘 맞았습니다.

또 변리사는 시험을 통해 합격자를 뽑기 때문에 지방대 출신이라는 차별을 받지 않고 일할 수 있다는 장점도 있었어요. 처음에는 주변에 변리사가 없어 이 시험이 얼마나 어려운 줄 모르고 도전할 마음을 먹었어요. 나중에 만만치 않은 시험이라는 사실을 알게 됐지만 일단 가능성이 있다고 판단했기 때문에 시작한 뒤에는 그저 '나와 잘 맞겠지, 열심히 하면 언젠가는 되겠지.'하고 편하게 생각했어요."

진로를 결정한 그녀는 대학 4학년 때부터 본격적으로 변리사 공부를 시작해 4년 만에 변리사 시험에 합격했다.

"직업에서는 사전 탐색이 가장 중요합니다. 직업도 잘 알고 자신도 잘 알아야 하죠. 일단 진로가 결정되면 끈기 있게 준비해서 목표에 도달해야 합니다. 어떤 직업을 선택하든 고민의 시간이 필요합니다. 저도 고민을 많이 했어요. 다행히 제가 저를 잘 알았던 것 같아요. 내가 무엇을 좋아하는지, 실제 이 일이 나에게 맞을지 고민했고 결국 적성과 호기심을 충족해 주는 직업을 선택했습니다. 시험에 떨어질지도 모른다는 걱정은 하지 않았어요. 언제든 변리사가 되기만 하면 된다고 스스로 다독여 가면서 공부했어요. 흔들리는 사람들은 선택하기 전에 충분히 고민하지 않았기 때문입니다. 고민은 선택하기 전에 하고 결정을 내린 이후에는 앞만 보고 달려갔어요."

직업 조사에 1년, 시험 공부에 4년

그녀가 처음 변리사가 될까 고민했던 대학 2학년 당시에는 연간 30명의 변리사만 선발됐다.(현재는 200명으로 늘어났다.) 합격자 30명의 출신 대학을 확인했더니 이른바 명문대 출신이 대부분이었고, 비상위권 대학 출신은 드물었다. 하지만 손정희 변리사는 기죽지 않고 이 직업을 선택할지 탐색하는 데만 1년을 보냈다. 대학을 휴학하고 연고도 없는 서울로 올라갔다.

"이 직업에 도전할 수 있을지, 또 도전한다면 어떻게 준비할지만 연구했어요. 3학년을 마치고 1년 동안 서울에서 머물렀어요. 학원에 가서 기초 강의를 들어 보고 책을 사서 이해되는지 읽어 보고, 변리사 시험을 준비하는 사람들로부터 정보를 수집해 공부 방향을 결정했어요. 가능성이 있다고 판단한 뒤에는 고향에 내려와 본격적인 공부를 혼자 시작했어요."

그녀는 이듬해 대학 4학년에 복학하고 혼자서 변리사 시험 공부를 시작했다. 서울에서 사 온 책들을 가지고 도서관에서 하루 10시간 이상씩 공부했더니 첫해 객관식인 1차 시험은 한 번에 통과했다. 2차는 주관식 논술 시험인데 2년 동안 두 번 기회가 주어진다. 그녀는 2차 시험을 준비할 때는 서울 고시촌으로 가서 학원에서 만난 1차 시험 합격자들과 함께 스터디 모임을 만들어 준비했다. 그런데 2차 시험에서 2년 동안 두 번 연속 떨어지고 마지막 시험에서는 불과 1점 차이로 고배를 맛봤다. 다음 해 그녀는 1차 시험에 재도전했는데 이번에는 1차 시험에서도 탈락했다.

"가장 힘든 고비였어요. 모든 것을 원점에서 다시 시작해야 했으니까요. 하지만 스스로를 다독이며 오뚝이처럼 일어섰어요."

실패를 반추해 보니 탈락한 이유는 2차 시험 준비에만 치중했기 때문이었다. 다음 해인 2001년 그녀는 1, 2차 시험을 동시에 철저히 대비해 마침내 최종 합격했다.

"끝까지 집중했어요. 모든 문제를 다 준비할 수 없기 때문에 준비하지 못한 문제가 나와도 당황하지 않고 한 단어라도 연상되는 것이 있으면 끝까지 가능성의 끈을 놓지 않고 적었어요. 앞서 2차 시험에서 떨어질 때에는 1점 차로 탈락했는데 합격할 때는 3점 차이로 붙었어요. 합격선 사이에 많은 수험생들이 몰려 있기 때문이죠. 이 점을 기억하며 시험장에서 젖 먹던 힘까지 다했습니다."

그녀는 세 차례 변리사 시험에 도전하는 4년 동안 직장인이 출퇴근하듯이 공부했다. 월요일부터 토요일까지 하루도 빠짐없이 매일 11시간 정도 집중해서 공부하고, 일요일에는 오전에 잠시 산책하면서 머리를 식히고 오후에만 공부하는 시간표를 반복했다.

"잠을 적게 자지는 않았어요. 하루 15시간씩 한 달 동안 공부하는 것보다 힘든 것이 10시간 이상 1년 동안 공부하는 것이죠. 저는 11시간 정도 매일 규칙적으로 공부해 페이스를 잃지 않으려고 했어요. 고시에서는 방법론보다 중요한 것이 페이스를 잃지 않고 꾸준히 하는 것입니다. 시험 공부하면서도 자꾸 떨어지면 어쩌나 불안해하고 다른 시험을 기웃거리는 친구들도 있었지만 저는 '공부만 열심히 하면 변리사가 될 것이다.'라고 믿고 공부했어요."

변리사는 한마디로 기술에 대한 법률 전문가다. 변리사는 의뢰인을 대신해 기술의 특허권이나 실용신안권, 의장권, 상표권 등 산업 재산권에 대한 상담을 해 주고 권리 취득이나 분쟁과 관련된 일을 해결해 준다. 의뢰인의 발명품이나 설계도를 분석해 특허의 대상이 되는지, 이미 등록된 특허권과 동일한지 등을 확인해 특허 출원을 대행하기도 한다. 또 특허 침해 소송 등 산업 재산권과 관련한 권리 분쟁이 발생하면 특허 법원이나 대법원에서 심판 업무를 대리하는 일도 한다. 평소에는 기업 등의 산업 재산권을 상담해 주고 관리해 준다.

"하루 일과 중 대부분의 시간 동안 의뢰인을 만나 특허와 관련된 기술을 상담하거나 기술을 확인하는 일을 주로 합니다. 의뢰인들이 가져온 설계도만 갖고 확인하기보다는 제가 직접 기업 등 현장에 가서 제품을 확인하는 경우가 많아 일주일에 두 번은 출장을 가죠. 특허 관련 소송이 있으면 특허 심판원이나 특허 법원에서 소송을 대리해 변론도 하고 소송 서류를 준비하기도 합니다."

의뢰인은 기업이 대부분이다. 하지만 최근에는 개인도 특허 출원을 많이 한다. 특허를 출원하면 특허권자가 직접 사업화할 수도 있지만 기업에게 특허권을 팔거나 로열티(사용료)를 받을 수도 있다.

"제가 특허 취득을 도와준 사례 중 요즘 유행하는 스크린 골프와 비슷한 '스크린 당구' 같은 것이 있습니다. 의뢰인은 당구가 취미인 회사원이었지요. 이 분은 당구장에서 촬영한 화면을 인터넷에 올려 자세를 교정하는 등 인터넷과 당구를 연결하는 아이디어를 갖고 저에게 찾아왔습니다. 의뢰인은 그 아이디어를 바탕으로 2004년 특허를 출원해 특허권을 갖게 됐지만 평범한 회사원이어서 당장 사업화할 수 있는 기술과 돈이 없었죠."

그로부터 몇 년 뒤 한 기업체에서 같은 내용의 사업을 구상하다 먼저 특허가 등재된 사실을 발견하고 특허권자의 대리인인 손정희 변리사에게 전화를 걸어 왔다. 그녀는 그 회사에 특허권을 사거나 로열티를 내는 방안을 협의하도록 권했다. 결국 의뢰인과 그 기업은 공동 법인을 설립했고 정부 지원금을 받아 제품 개발을 시작해 현재 시판을 앞두고 있다.

"평범한 회사원인 제 의뢰인은 특허를 제공하는 대가로 그 기업으로부터 지분과 로열티를 받기로 했습니다. 변리사로서는 의뢰인이 낸 특허가 등록되는 것도 기쁘지만, 특허권이 사회에서 빛을 보는 순간에 보람을 느낍니다.

제가 도와준 것은 아니지만 일반에 알려진 가장 대표적인 특허 기술이 '스팀 청소기'죠. 평범한 전업 주부가 물걸레질을 하기 힘드니 일반 청소기에 스팀이 나오는 기능을 추가하는 청소기라는 아이디어를 구상해 특허로 등록하고 자신의 이름을 딴 회사를 차려 성공한 경우죠."

변리사가 하는 일은 크게 네 가지로 나눌 수 있다. 첫째, 특허 등 산업 재산권 소송을 대리해 특허 법원에 참석해 변론하는 일, 둘째, 의뢰인을 만나 특허 출원 등을 상담하는 일, 셋째, 소송 서류 또는 특허 등록을 위한 출원서를 작성하는 일, 넷째, 기업체 등을 방문해 제품과 기술을 눈으로 확인하는 일 등이다.

학창 시절 연애 상담 경험을 살려 의뢰인과 상담

변리사가 되려면 어떤 자질과 적성이 필요할까?

손정희 변리사는 법률과 과학 기술에 대한 이해, 어학 실력을 강조한다. 특허와 관련한 기술적인 이해가 기초가 돼야 하며 외국 특허법도 문서로 검토할 수 있을 정도의 법률적인 지식과 어학 실력이 필요하다. 영어와 일본어는 기본이다.

문서를 통해 논리적으로 의뢰인의 권리를 보호해야 하기 때문에 문서 작성 능력과 꼼꼼한 성격이 필요하다. 창의성도 필요하다. 기술 특허를 의뢰받으면 새로운 아이디어를 변리사가 더해야 할 경우도 많기 때문이다.

무엇보다 특허청에서 시행하는 변리사 시험에 합격해야 하는데 현재는 한 해 200명씩 배출된다. 대상 분야가 이공계가 많아 이공계 관련 학과가 유리하고 문과도 법학 전공자 등이 일부 있다. 합격자의 97퍼센트 정도는 이공계 출신이다. 2001년 선발된 200명 중에는 195명이 이과 출신이고 문과는 다섯 명에 불과했다. 변리사는 문과와 이과 전공자 모두 시험을 칠 수 있지만 변리사 시험 자체와 실제 하는 일이 이과와 좀 더 연관성이 많다. 만약 측우기를 특허로 등록하고 싶다면 변리사는 단순히 특허청에 같은 기계가 등록됐는지 여부만 확인하는 것이 아니라 이 기술이 기존 특허를 침해하는지, 특허를 침해하지 않도록 하기 위해서는 어떤 부분을 변형해야 할지 등도 파악해야 한다. 즉 법률을 넘어선 기술적 지식이 필요하다.

"고등학교 때 책을 많이 읽고 친구들에게 연애 상담을 해 주는 것을 좋아했어요. 변리사는 학문적으로는 법과 기술적 지식을 더한 것이고, 업무 형태는 의뢰인을 상담하고 서류를 꼼꼼하게 작성하는 일인데, 모두 제 적성과 맞아요. 서류를 작성할 때는 논리적으로 글을 써야 하는데, 어렸을 때 논리적인 글쓰기 훈련도 많이 했어요. 그래서 업무에서 어려움은 없는 편입니다. 의뢰인과 상담하는 것도 그리 힘든 일이 아니죠."

신기술을 가장 먼저 확인해 산업 발전에 기여

변리사의 장점은 무엇일까?

우선 자격증을 갖고 일하는 전문직이라는 점이다. 수입도 높은 편이다. 초임 변리사는 연봉이 3000만 원에서 5000만 원 선이지만 경력자는 능력에 따라 연봉 차이가 크다.

둘째, 업무가 전문화돼 조직 생활의 스트레스가 적은 편이다. 변리사들은 변호사보다 업무가 세분화되어 있어 생물과 화학, 기계와 전자 전문 등으로 분업화된다. 그래서 변리사들은 개인적으로 특허 법률 사무실을 열기보다는 다섯 명 이상이 등록하는 '특허 법인'에서 일하는 경우가 많다.

"현재 전체 변리사 중 대다수가 법인에 속해 활동합니다. 의뢰인과 소송 유형의 측면에서 변호사와는 차이가 있어요. 변호사는 의뢰인이 개인이 많지만 변리사는 기업이 많고 소송도 대규모 국제적 소송이 많아 세부 기술에서 전문성이 요구됩니다."

가령 손정희 변리사는 의뢰인들에게 1차적인 기술 상담을 해 준 뒤 자신의 전문 분야인 화학과 기계는 직접 처리하지만 전자 등 다른 분야는 서울에서 일하는 동료 변리사에게 처리하도록 넘긴다. 변리사는 기업체를 방문해 기술을 확인하는 현장 출장도 잦다.

변호사와 변리사의 또 다른 차이는 소송의 범위에 있다. 변리사는 기술을 판단하는 '특허 소송'은 직접 소송을 대리하지만, 특허에서 파생된 손해 배상 등 '민사 소송'은 변호사에게 맡기고 기술 상담만 한다. 반면 변호사들은 민사와 형사 소송을 모두 대리할 수 있고 변리사 등록도 할 수 있지만 기술 지식이 필요한 특허와 관련된 민사 소송 준비는 변리사의 도움을 받는다. 변호사와 변리사 사이에서는 관련 법상 특허로 빚어진 손해 배상 등 민사 소송 범위가 상충되는 부분이 있기 때문에 관행적으로 이렇게 나누어 처리한다.

"변호사를 찾는 의뢰인들은 주로 법률적으로 힘든 문제 때문에 오는 경우가 많죠. 반면 우리 의뢰인들은 긍정적인 상황에서 찾게 됩니다. 기업이 변리사를 찾을 때는 아이디어를 특허로 만들고 신기술을 개발해 투자하고 더 좋은 쪽으로 발전시키려고 할 때가 대부분이죠. 물론 특허 소송을 당해 방어하기 위해 올 때도 있지만 그래도 특허 출원이 더 많아요. 산업 발전과 지식 보호에 이바지한다는 점도 보람입니다. 다른 사람이 만든 기술을 처음 확인하는 것도 흥미롭죠."

하지만 변리사라는 직업에도 단점은 있다.

첫째, 특허 업무는 국제적인 내용을 다루기 때문에 업무가 까다롭다.

"변리사가 되기 위해 공부하는 데도 시간이 많이 걸리지만 변리사가 된 뒤에도 꾸준히 공부해야 합니다."

기술과 어학은 물론 전 세계의 선행 기술 조사도 계속해야 한다. 또 관련된 국내법과 국제법도 자주 바뀌기 때문에 이 부분에 대한 꾸준한 공부도 필요하다. 이처럼 끊임없이 공부해야 한다는 것이 스트레스가 될 수도 있다. 손 변리사도 식품 영양학과 전공으로 생물과 화학은 어느 정도 자신이 있었지만, 변리사가 된 뒤 부족하게 느낀 기계 분야에서 석사 학위를 받아 기계와 화학 전문 변리사로 활동하고 있다.

수출로 먹고사는 우리나라는 지식 재산권 방어와 선점이 모두 중요하고, 그런 점에서 변리사가 할 일은 많다.

"우리나라는 특허 출원이 양적으로는 상위권입니다. 지식 재산권 출원 건수가 35만 건으로 2000년 이후 세계 제4위 지식 재산권 출원국으로 성장했습니다. 하지만 질적인 측면에서는 부족합니다. 고도의 원천 기술이 부족하기 때문에 연간 기술 무역 수지 적자 규모가 27억 달러에 달합니다. 가장 큰 걸림돌은 과학 기술을 기피하는 사회적 분위기지만 이 때문에 변리사가 할 역할이 많다고 봅니다."

손정희 변리사는 자신이 원하는 직업을 갖는 방법에 대해 다음과 같이 조언했다.

"사전에 충분히 탐색하세요. 직업도 알고 나 자신도 알아본 뒤 직업을 선택해야 합니다. 그리고 흔들리지 말고 노력하세요."

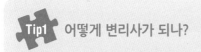

Tip1 어떻게 변리사가 되나?

변리사는 문과보다는 이과 출신자들의 진출 비율이 더 높다. 관련 학과는 이과의 산업 공학, 전기 공학, 전자 공학, 정보 통신 공학, 생물학, 화학, 물리학, 문과의 법학 등이다. 변리사가 되기 위해서는 특허청에서 시행하는 변리사 시험에 합격하거나 변호사 시험에 합격해 변리사로 등록해야 한다. 변리사 시험은 만 20세 이상이면 누구나 응시 가능하며, 1, 2차 시험을 통과하고, 일정 점수 이상의 공인 영어 성적이 있으면 자격증을 딸 수 있다. 변리사 시험 정원은 현재 연간 200명이다.

관련 기관: 대한변리사회(www.kpaa.or.kr), 특허청(www.kipo.go.kr)

| 변리사 시험 |

❶ 1차 시험

· 산업 재산권법(특허법, 실용신안법, 상표법, 디자인보호법 및 조약 포함)

· 민법 개론(친족편 및 상속편 제외)

· 자연 과학 개론(물리, 화학, 생물, 지구 과학 포함)

· 영어(영어능력검정시험으로 대체)

❷ 2차 시험-주관식 논술형

· 필수 과목(3과목): 특허법(조약 포함), 상표법(조약 포함), 민사 소송법

· 선택 과목(1과목): 디자인 보호법(조약 포함), 저작권법, 산업 디자인, 기계 설계, 열역학, 금속 재료, 유기 화학, 화학 반응 공학, 전기 자기학, 회로 이론, 반도체 공학, 제어 공학, 데이터 구조론, 발효 공학, 분자 생물학, 약제학, 약품 제조 화학, 섬유 재료학, 콘크리트 및 철근 콘크리트 공학 중 1과목(구체적 시험 유형은 매년 달라질 수 있다.)

Tip2 연봉은?

한국직업능력개발원의 '산업 직업별 고용 구조 조사'에 의하면 변리사 수는 1,883명이

고 전체 가운데 여성은 19퍼센트이다. 학력별로는 대졸이 82.8퍼센트, 석사가 17.2퍼센트이며 정부가 조사한 전체 변리사의 월 평균 임금은 410만 원이다.

변리사들에 따르면 초임 변리사의 연봉은 3000만 원에서 5000만 원 정도이며 경력이 쌓이면 연봉이 증가하고 능력에 따라 임금은 차이가 크다.

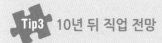 **Tip3 10년 뒤 직업 전망**

직업 전망이 밝다. 새로운 기술이 계속 개발되면서 특허 출원 건수가 늘어나고 아이디어에 대한 소유권 분쟁도 증가하고 있기 때문이다. 또한 국내외 적으로 특허 침해나 상표권, 지식 재산권에 관한 소송도 증가하고 있어 변리사에 대한 수요도 늘어날 것이다. 한 해 200명 정도의 변리사가 배출되는데 우리나라에는 현재 전국적으로 2,000명 정도의 변리사만 있다. 따라서 변리사 수요는 앞으로도 계속 증가할 전망이다. 현행법상 변호사도 변리사로 등록할 수 있어 어느 정도 경쟁이 예상되지만 변리사는 업무의 특성상 기술에 대한 전문성이 좀 더 중시되기 때문에 발전 가능성이 큰 편이다.

입원해서도 계속했던 글쓰기,
평생 창작의 고통과 희열을 함께

방송 작가 박지은

1976년 광주에서 태어나 전남대학교 국문학과를 졸업하고 세종
대학교에서 영화 예술 학과 석사 학위를 받았다. 1998년 KBS 교
양 부문 작가로 입문했으며 MBC 라디오 「골든디스크 김기덕입니
다」 중 단막극 '음악 에세이-노래가 있는 풍경'을 10년 동안 400
회 넘게 집필했다. 시트콤 「멋진 친구들」, 「달래네 집」, 「웃는 얼굴
로 돌아보라」 등을 집필했으며 드라마 「칼잡이 오수정」의 극본을
맡았다. 이후 MBC 드라마 「내조의 여왕」과 「역전의 여왕」을 집필
해 큰 인기를 얻었다. 저서로 『음악 에세이-노래가 있는 풍경』이
있다. 현재 세종대학교 영화 예술 학과 박사 과정 중이며 동 대학
에서 드라마 작성법을 지도하고 있다.

진로에 대해 많이 고민해 본 적은 없어요. 그냥 이것만 하고 싶었죠.

그런데 어느 순간 작가라는 테두리 안에 들어와 있었어요.

생각을 갖고 있으면 길이 있습니다.

— 방송 작가 박지은

영화나 드라마 속에 종종 등장하는 방송 작가들은 매력적인 캐릭터가 많다. 재능이 뛰어나 직업적으로도 성공을 거둘 뿐만 아니라 대부분 지적이고 외모도 멋지다. 하지만 실제로 방송 작가들은 자신의 직업을 '겉으로는 화려하지만 속은 가시밭길'이라고 표현한다.

드라마 속에서 방송 작가들이 매력적으로 그려지는 것은 당연하다. 드라마를 쓰는 사람이 바로 '작가'이기 때문이다. 작가들이 자신의 직업을 고의적으로 미화했다기보다는, 근성이 없으면 버티기 힘든 작가라는 직업에 대한 자존감이 무의식적으로 드러났기 때문일 것이다.

방송계에서는 '좋은 대본이 제작진이나 연기자 때문에 실패할 수는 있어도 나쁜 대본으로 좋은 프로그램을 만들 수는 없다.'는 말이 통용된다. 이 말은 방송 작가의 비중을 잘 보여 준다. 작가는 피디와 연기자(때론 출연자)와 함께 방송의 3대 중심축으로 일한다.

'방송이라는 건축물을 설계하는 건축가'라고 불리는 방송 작가들이 어떻게 일하는지 알기 위해 구성 작가와 드라마 작가를 모두 경험한 13년차 방송 작가를 만났다.

박지은 작가는 인기 드라마 「내조의 여왕」의 대본을 썼다. 이 작품이 기존 드라마와 다른 '전업주부 이야기'로 인기를 끌면서 그녀도 주목받는 작가가 됐다. 「내조의 여왕」은 남편의 직장 내 위상에 따라 아내의 서열까지 정해지는 상황을 풍자한 블랙 코미디로, 특히 여자 주인공은 코믹하고 발랄하지만 드라마답지 않게 현실적인 대사를 쏟아 내 화제를 모았다.

이 드라마는 초반 6회 동안 고공 시청률을 자랑했던 타 방송사의 드라마와 맞대결해 대진운(같은 시간대에 방송되는 다른 방송사의 프로그램)이 없었다. 방송계에서는 드라마가 초반 4회까지 시청률이 안 나오면 성공하기 어렵다는 징크스가 있다. 하지만 이 드라마는 초반 부진을 떨치고 계속 시청률을 높여 갔고 마지막 회에는 시청률 1위로 마감했다.

병원에 입원해서도 글은 계속 써, 평생 글 쓰며 살고 싶다

혼자 틀어박혀서 글만 쓰는 사람일 테니 외모에는 무관심하고 작업실도 지저분할 것이라고 상상했는데 개인 작업실에서 만난 박지은 작가의 모습은 생각과는 정반대였다.

드라마를 쓸 때는 화장도 안 하고 사람도 안 만나고 글쓰기에만 몰두하지만 지금은 새로운 드라마를 구상 중이어서 여유를 되찾았다고 그녀는 설명했다.

박지은 작가는 구성 작가로 일할 때는 매일 방송사로 출근해 집필했지만 드라마 집필에 무게를 두면서 개인 작업실을 따로 구했다. 작업실인 오피스텔에는 컴퓨터와 간이침대, 주방용 기기가 갖춰져 간단하게 요기를 해결하고 쉴 수 있게 돼 있었다. 작업실에는 회사원처럼 거의 매일 출근하는데 일을 배우기 위해 합류한 보조 작가도 함께 있었다.

그녀는 인터뷰 도중 '운이 좋았다.'는 말을 반복했다. 방송 작가가 된 것도, 드라마를 쓸 기회를 얻은 것도, 결과가 좋았던 것도 모두 운이 좋았기 때문이라고 했다. 하지만 그녀가 걸어온 길과 인생관을 보면 도저히 운이 그녀를 비켜 갈 수 없겠다는 생각이 들었다.

박지은 작가는 초등학교 때부터 한 우물만 팠다. 어려서부터 텔레비전 드라마와 라디오 프로그램을 좋아해 이와 관련된 일을 하고 싶다고 생각했다. 초등학교 때는 방송반에서 활동했고, 중학교와 고등학교 때는 독서반에 가입했다. 때론 글짓기상을 받기도 했지만 그녀 스스로는 어린 시절 자신은 글쓰기에 뛰어난 재능이 있지는 않았고 그저 평범했다고 말했다. 글쓰기를 좋아해 대학도 국문학과에 입학했고 졸업 후에 방송 작가로 입문했다. 드라마 작가가 꿈이었지만 구성 작가로 처음 일을 시작했다. 하지만 구성 작가로 일하면서 혼자 드라마 대본 작성 연습을 꾸준히 했고 결국 드라마 작가가 될 수 있었다.

박지은 작가의 행보를 보면 진정한 '일관성의 여왕'이라 할 만하다. 한 번도 한눈팔지 않을 정도로 열정이 있었으니 글쓰기를 못한다면 오히려 이상할 정도다.(더욱이 그녀는 "노력하지 않고도 글을 잘 쓸 수 있을 정도의 천재성이 없었을 뿐 글 솜씨가 전혀 없다고 말하면 전업 작가로서 해서는 안 되는 건방진 말일 수 있다."고 바로잡아 사실상 재능이 있었음을 인정했다.)

"초등학교, 중학교 때부터 라디오에서 DJ들이 '작가님'이라고 말하는 것을 들으면 작가가 무슨 일을 하는지 궁금했어요. 제가 쓴 글이 전국에 방송으로 나간다면 얼마나 멋질까 생각도 했고요.

또 텔레비전 드라마를 보면 인생에 대해 다시 생각해 볼 수 있으니 드라마도 쓰고 싶었어요. 그래도 너무 높고 큰 꿈이라고 생각해 이루어질 것이라는 생각은 하지 않았습니다. 진로에 대해 많이 고민해 본 적은 없었습니다. 그냥 이것만 하고 싶었죠. 그런데 어느 순간 작가라는 테두리 안에 들어와 있었어요."

박지은 작가에게서 더욱 주목할 점은 방송 작가, 드라마 작가가 된 뒤의 한결같은 자세다.

"타고난 글솜씨를 믿기보다는 성실하고 부지런히 노력하려 애썼어요. 평생 동안 글을 쓰며 살고 싶어요. 대박을 터뜨린 뒤 평생 놀거나 하고 싶지는 않습니다."

그녀는 자신의 진로를 낙천적으로만 생각하지는 않았다. 꿈이 반드시 이뤄질 것이라는 생각보다는 이것만 하고 싶었기에 그곳을 향해 한 걸음씩 나아 가는 길을 택했다.

꿈을 현실로 만든 것은 성실함이다. 박지은 작가는 주 1회 라디오 단막극도 썼는데 10년이 넘는 세월 동안 한 번도 펑크 낸 적이 없다. 출산

한 뒤에는 산후 조리원에서도 대본을 썼고, 맹장 수술을 했을 때는 병원
에 입원해서도 썼다. 한 우물을 파고, 꾸준하게 노력하는 사람에게 성공
은 당연히 뒤따르는 법이다.

드라마에서나 나오는 이야기 말고 현실을 담은 이야기를 쓰다

박지은 작가는 대학 시절에도 재능을 믿기보다는 성실함에 무게를 두
고 글쓰기 연습을 게을리하지 않았다. 대학 시절 교직 이수를 했고 4학
년 때 교생 실습을 했던 경험은 오늘날의 그녀를 만드는 데 예상 밖의
이유로 도움이 됐다.

"여러 반에서 차례로 국어 수업을 하면서 같은 말을 반복해야 한다는
것이 가장 끔찍했습니다. 교사가 되겠다는 생각은 그 순간 미련 없이 접
었죠."

1997년 그해 가을, 그녀는 대학을 3년 반 만에 조기 졸업하고 곧바
로 방송사로 직행했다. 지역 방송 작가를 잠시 경험한 뒤 이듬해 상경해
1998년부터 중앙 방송사의 텔레비전 교양 부문 작가로 일했다. 텔레비전
프로그램 작업을 하면서 라디오 프로에서 10년 동안 '음악 에세이' 단막
극 대본을 매주 썼다. DJ의 은퇴로 프로그램이 폐지될 때까지 그녀는 계
속 단막극을 맡아 무려 400회 이상 대본을 썼다.

"단막극 내용이 첫사랑에 대한 추억담이었죠. 한 주 동안 사람들을
만나서 들은 사랑 이야기는 모두 후보가 됐죠. 이들 가운데 재미있는 것
을 소재로 녹여 냈어요. 분량은 45분짜리로 만만치 않지만 구상은 사전
에 하고 대본 작성은 두세 시간이면 끝냈습니다."

방송 작가는 라디오나 텔레비전 프로그램에 필요한 대본을 창작하고 집필하는데 크게는 픽션 작가와 논픽션 작가로 나뉜다. 픽션 작가는 주로 드라마를 집필하고 논픽션 작가는 다큐멘터리와 정보 프로그램 등을 집필하고 구성하기 때문에 통상적으로 방송 작가는 드라마 작가와 구성 작가로 나뉜다.

'구성 작가'는 여러 명이 함께 팀으로 일하며 프로그램 구성안을 짜고 출연자를 섭외하고 대본을 쓴다. 구성 작가는 매체에 따라 텔레비전이나 라디오 구성 작가로 나뉘고 프로그램의 성격에 따라 다시 쇼와 오락, 시사 교양 작가로 나뉜다. 모든 구성 작가들은 프로그램의 구성안을 짜는데 시사 교양 작가는 시사 프로그램 대본을 쓰고, 쇼 버라이어티 작가는 출연자를 섭외하고 소품도 준비한다.

반면 '드라마 작가'는 드라마의 대본을 쓰는데 피디와 아이디어 등을 계속 상의하지만 집필 자체는 혼자 한다. 드라마 기획은 통상 6개월에서 1년 전부터 시작한다.

박지은 작가는 구성 작가로 입문했지만 마지막 목표는 드라마 작가였다. 그녀는 언젠가는 드라마를 쓰겠다고 생각하며 꾸준히 습작했다. 준비하는 자에게 기회가 오는 법이다. 그녀는 꾸준한 연습 끝에 몇 년 뒤에는 텔레비전 드라마 대본에도 이름을 올릴 수 있었다. 이후 「멋진 친구들」, 「웃는 얼굴로 돌아보라」 등의 시트콤을 여러 명의 작가와 공동 작업했고, 드라마 「칼잡이 오수정」은 다른 작가와 함께 집필했다. 「내조의 여왕」은 처음으로 혼자서 집필한 작품인데 크게 성공했고 후속작인 「역전의 여왕」도 좋은 반응을 얻었다.

"구성 작가로 일하면서 시나리오 작법서를 보며 드라마 대본 작성법을 혼자 공부했어요. 많이 읽어 보는 것과 모방하면서 써 보는 것도 중요하죠. 좋은 드라마 지문을 베껴 써 보기도 하고 화면을 보면서 글쓰는 연습을 해야 합니다. 방송 작가에게 구어체는 기본이고 쉽게 읽히는 글을 써야 합니다. 잘 읽히는 글이 좋은 글이죠. 그런데 쉽게 쓰면 잘 안 읽힙니다. 많이 수정하고 고민해야 잘 읽히는 글이 되고 많이 써 봐야 좋은 작품이 나옵니다. 개인적으로는 소설 읽기를 좋아하고 관심 있는 분야의 신문 기사도 많이 읽습니다."

그녀는 잘 읽히는 대사가 나올 때까지 고치고 고치기를 반복했고 그러다 보니 어느 순간 실력이 늘었다. 그리고 마침내 드라마 작가로 인정받게 되었다. 실력을 쌓은 후에는 대학원에서 이론 공부도 하면서 현재는 대학에서 드라마 작성법을 지도하고 있다.

박지은 작가는 2009년 방송된 드라마 「내조의 여왕」을 방송 1년 전부터 기획했다. 반년 동안 혼자 작업해 시놉시스(큰 줄거리)와 대본 4회를 완성한 뒤 방송사로 찾아가 드라마 제작 여부를 상의했다. 이 드라마는 세 차례 심사를 거쳐 방송이 결정됐다. 다섯 살짜리 아이를 키우는 아줌마였던 그녀가 제일 잘할 수 있는 이야기를 하다 보니 또래 아줌마들의 현실적인 삶을 담은 이야기를 기획했고 이 결과물이 바로 「내조의 여왕」이었다.

"드라마에서 나오는 재벌과 연애하는 이야기는 현실에서는 거의 없잖아요? 현실 속 아줌마들은 직장이 있든 없든 아등바등 살죠. 그래도 모두들 재기 발랄하고. 그런 이야기를 드라마에서 할 수 없을까 생각했어요. 아이 유치원 친구 엄마들을 보면서 드라마를 구상했어요. 직장에 나가지 않고 전업주부로 살아도 다들 생활을 잘해요. 드라마에서는 직장여성이 멋있게 그려지지만 반드시 사회생활을 해야 성공하는 것도 아니죠. 기존 드라마를 약간 비틀어 보자는 취지에서 재기 발랄한 전업주부를 주인공으로 내세웠습니다. 처음에는 드라마가 즐거워야 하는데 스트레스만 줄 것이라며 반대에 부딪치기도 했어요. 하지만 결과가 좋아서 다행입니다."

방송 편성이 결정되면 드라마는 미리 6회 정도의 원고를 사전에 쓴 뒤 촬영을 시작한다. 시놉시스는 미리 작성해 놓지만 우리나라 방송사들은 사전 제작을 잘 하지 않기 때문에 보통 일주일에 2회씩 방송 원고를 써내야 한다. 그래서 가장 바쁠 때는 하루 종일 일한다. 평소에는 매일 오전에 작업실에 나와 작품을 구상하거나 자료를 찾거나 원고를 쓴다.

작가는 재능과 노력이 더해져야

"모든 작가가 타고난 천재적인 재능으로 작업하는 것은 아니지만, 그렇다고 그저 열심히 해서 되는 것도 아닌 것 같아요. 작가는 '써야 하는, 쓸 줄 아는 이야기'를 갖고 있어야 하고 그걸 제대로 써 낼 수 있는 재능이 있는 사람이어야 합니다. 즉 경험과 통찰력이 필요하죠. 드라마 작가는 자기만의 하고 싶은 이야기가 있어야 하고 경험을 자기 것으로 끌어낼 수 있어야 합니다."

작가는 인간과 사물에 대한 관찰력과 호기심이 있어야 하고 관찰한 것을 글로써 잘 표현해 낼 수 있는 문장력과 언어 감각이 필요하다. 일단은 글쓰기를 잘해야 한다. 또 방송 작가는 순발력도 필요하다.

"드라마는 정해진 시간에 방송이 나가야 합니다. 시간과의 싸움이죠. 가령 주 5일 방송되는 시트콤 작가는 공동 작업을 해도 한 명이 일주일에 한 편씩 6개월 동안 원고를 써야 합니다. 일반 드라마도 초기 몇 회를 제외하고는 매주 대본을 써서 방송을 제작해야 합니다."

그녀는 노력도 중요하지만 재능도 중요하다고 강조했다.

"특히 요즘 작가를 하겠다고 하는 젊은 친구들 가운데에는 정말 기본이 되어 있지 않고 열정만으로 달려드는 사람도 있어요. 작가는 재능 없이는 계속하기 힘들고 시작한다 해도 후회할 수 있어요."

그렇다면 방송 작가와 일반 작가의 차이점은 무엇일까.

"일반 작가에게는 원고 자체가 완성품이 될 수 있지만 방송 작가는 대본을 완성해도 방송이 나가야 비로소 작품이 완성됩니다. 방송 원고는 건물의 건축 설계도와 같아서 방송 작가는 설계사에 비유됩니다. 방송이 편성되지 않으면 설계도만 있고 건물은 없는 셈이어서 의미가 없는 것이죠."

그래서 드라마 작가는 연기와 연출, 음악, 방송 시점, 대진운까지 신경을 쓴다. 특히 텔레비전 프로그램은 대본으로 끝나는 것이 아니라 영상으로 구현되는 이미지가 중시된다. 또 일반 작가는 대부분 혼자 작업을 하는 반면 방송 작가는 혼자 작업하는 동시에 팀플레이도 한다. 즉 연출가나 스태프들과 호흡을 맞춰 가며 협의도 하고 모니터하는 것도 필요하다.

"1차적 시청자인 스태프들의 반응이 나쁘면 대본을 바꾸기도 하죠. 따라서 방송 작가는 마음이 열려 있어야 합니다."

방송 작가는 특히 끈기가 필요하다. 히트작이 없어도 꾸준히 작품을 써낼 수 있어야 하고, 몇 개월마다 재계약을 하므로 꾸준히 실력을 입증해야 한다.

"항상 성실하고 부지런하게 쓰려고 노력합니다. 방송 작가는 힘든 일이고 끊임없는 노력이 필요한 일이죠."

창작한다, 고로 존재한다

박지은 작가가 말하는 방송 작가의 단점이자 장점은 끊임없이 창작해야 한다는 것이다. 그래서 작가는 창작의 고통보다는 희열과 보람을 즐길 수 있어야 한다.

"작가는 계속 창작해야 합니다. 글을 쓰고 있지 않아도 새로운 것을 생각하고 구상해야 하지요. 고생해서 첫 장면부터 마지막 장면까지 완성하고 나면 보람이 크죠. 방송 프로그램은 시청률이 10퍼센트만 돼도 400만 명이 보는 셈입니다.

방송 작가는 대중 문화에 큰 영향을 미칠 수 있는 사람입니다. 방송 프로그램의 영향력은 소설이나 시 같은 문학 작품보다 훨씬 클 수 있습니다. 그래서 책임감이 필요하지요."

이 직업의 단점도 물었다.

방송 작가는 프리랜서로 일하기 때문에 안정성이 떨어진다. 실력만큼 수입이 생기고, 퇴직금도 없다. 그래서 끊임없이 창작하고 항상 실력을 입증해야 한다.

"방송 작가의 삶은 가시밭길입니다. 화려하게 보이는 겉모습과 달리 고된 일이죠. 일반적으로 직장인이 회사에 입사해 20년 정도 일하면 관리자로서 일할 테지만 작가는 20년 차가 돼도 매번 한 줄 한 장면부터 다시 써야 하죠. 끊임없이 창작해야 하기에 놀아도 마음이 편하지 않고 새로운 것을 생각해야 하는 의무가 지어집니다.

어려울 수도 있고 길이 좁기도 하지만 일을 제대로 하는 사람은 할 일이 많아요. 일단 인정만 받으면 생각보다 할 수 있는 일도 많습니다."

박지은 작가는 대중문화를 만들어 간다는 자부심을 갖고 문장 하나에도 공을 들인다. 10여 년이 넘게 작가로 일해 오면서 한 번도 대본을 펑크 낸 적이 없을 정도의 성실함과 초등학교 때부터 한 우물만 팠던 일관성이 오늘날의 그녀를 있게 한 열쇠다.

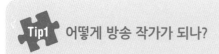

Tip1 어떻게 방송 작가가 되나?

방송 작가는 방송사 극본 공모전에 당선되거나 관련 아카데미, 작가 협회 등 관련 교육 기관의 소개를 통해 등단할 수 있다. 드라마 작가는 단막극을 써서 데뷔를 하는데 최근에는 단막극이 줄어 데뷔할 기회가 크게 줄어들었다. 기성 작가의 일을 도와주는 보조 작가로 시작해 추천을 받아 데뷔하기도 한다.

방송사 공모전에 당선되면 1년 동안 계약을 맺고 일한다. 대부분의 경우 보조 작가로 일을 배운 뒤 경험이 쌓이면 방송사의 특정 프로그램 제작에 참여하는 프리랜서로 일한다. 학력 제한은 없지만 전문대 이상 문과 출신들이 많다.

관련 기관: 한국시나리오작가협회(www.scenario.or.kr), 한국방송작가협회(www.ktrwa.or.kr)

Tip2 연봉은?

한국직업능력개발원의 '산업 직업별 고용 구조 조사'에 의하면 작가 수는 11,737명이며 이 가운데 여성은 76.9퍼센트로 여성 작가가 훨씬 더 많다. 학력별로는 대졸이 84.3퍼센트, 석사 이상이 7.3퍼센트, 전문대졸이 10.6퍼센트로 나타났으며, 전체 작가들의 월 평균 임금은 278만 원으로 조사됐다.

하지만 대부분 계약직이나 프리랜서로 일하는 방송 작가들의 연봉은 개인 차이가 크다. 신입 방송 작가의 월 급여는 100만 원이 조금 넘지만 인기 방송 작가는 수천 만 원을 벌기도 한다.

Tip3 10년 뒤 직업 전망

종합 편성 채널이 늘어나고, 한류 열풍으로 해외로 수출되는 프로그램이 증가하는 등 미디어 산업이 발달하면서 제작되는 프로그램의 수도 증가하고 있다. 이에 따라 방송 작가의 수요도 증가할 전망이다. 또한 방송사의 프로그램들이 점점 세분화, 전문화되면서 방송 작가 가운데에도 우수 인력에 대한 수요는 더 커질 것이다.

다만 계약직이나 프리랜서 형태의 고용은 계속해서 유지되고 고용 여건에서 양극화는 더 심화될 전망이다. 능력이 검증된 유명 작가는 좋은 대우를 받고 연봉도 상승하겠지만 신인 방송 작가들의 고용 안정성과 처우는 개선되기 힘들 가능성이 높다.

한 번의 실수도 용납되지 않는
통역이 주는 긴장감을 즐긴다

통역사 류지예

1980년 서울에서 태어났다. 어린 시절 홍콩에서 6년간 거주했으며 연세대학교에서 영문학과 중문학을 동시에 전공했다. 이후 한국외국어대학교 통번역 대학원 한영과를 졸업해 통번역사가 됐다. 2007년 '2014 평창 동계 올림픽 유치위원회 IOC 실사단 방문 현장 실사' 순차 통역을 맡았으며, 《포천 코리아》 번역 등 다수의 통역과 번역 일을 하고 있다.

한 번의 실수도 용납되지 않습니다.

매번 자신의 능력을 보여 줘야 하는 것이 통역의 세계죠.

항상 심리적 긴장감이 존재하기 때문에 긴장을 즐길 정도가 돼야 합니다.

— 통역사 류지예

2009년 호주의 수도 캔버라에 있는 외교 통상부에서는 호주 FTA 협상 대표단의 기자 간담회가 한창이었다. 그해 한국과 호주가 FTA 협상을 시작하자 한국 기자들은 호주를 현지 방문해 취재하던 중이었다.

한국이 6대 교역국인 호주로서는 한국과 FTA를 체결해 원자재와 쇠고기 등의 수출을 늘리고자 하였다. 하지만 우리나라로서는 쇠고기나 서비스 개방 등 민감한 사안이 산재해 있었기 때문에 협상단을 향한 한국 기자들의 질문 공세가 쏟아졌다.

"한국 농가에서는 쇠고기 수입 관세 철폐가 부담이 되는데, 한국으로의 쇠고기 수출량과 호주 농가들의 쇠고기 사육법, 정부의 지원 정책은 무엇입니까?"

"서비스 분야는 한국이 취약한데 어느 부분에서 어느 정도 개방을 기대하십니까?"

"한국으로 수출하는 호주의 광물량과 관세는 어떻게 됩니까?"

"한국 차의 호주 시장 점유율은 얼마나 되며 관세를 철폐한다면 어떤 혜택이 있다고 보십니까?

간담회는 두 시간 동안 숨 가쁘게 진행됐다. 한국 기자들이 우리말로 질문하면 통역사가 영어로 옮겼고 호주 대표가 5분 동안 답하면 통역사가 다시 우리말로 옮겼다. 답변마다 전문 용어를 사용하고 주제도 계속 바뀌어 통역하기가 쉽지 않을 것 같았다.

그런데 통역사는 호주 대표가 이야기하는 동안 단어 몇 개를 메모하는가 싶더니 5분 동안 막힘이 없이 통역하는 작업을 반복했다. 순간 기억력이 대단했다.

이 간담회에 함께했던 필자는 이후에 녹화한 동영상을 확인했다. 통역한 내용은 거의 대부분 순서도 틀리지 않고 일치했다. 나머지는 말하는 사람이 중언부언한 내용이나 단순한 말 실수를 생략하고 논리적으로 맞지 않는 표현을 상대의 의도를 반영해 고쳐서 말한 것이었다.

앞서 소개한 회의의 통역을 맡았던 류지예 통역사는 통번역 대학원을 졸업한 뒤 2007년부터 프리랜서 통역사와 번역사로 일하고 있다.

"경력으로 따지면 아직 햇병아리 통역사예요."

류지예 통역사의 이와 같은 설명이 겸손으로 들리는 것은 그녀의 경력과 실력 때문이다. 그녀는 평창 동계 올림픽 유치 현장 실사 통역을 맡는 등 활발한 활동을 펼치고 있다.

통역사는 쉼 없이 노력하는 사람

필자는 서두에서 소개한 한국과 호주 사이의 FTA 협상을 취재하는 한국 기자단에 포함돼 8일 동안 함께 생활하며 류지예 통역사가 실제 일하는 모습을 가까이서 지켜보았다.

당시 8일 동안 호주 FTA 협상단장과 외교부 장관을 비롯한 호주 대표단의 공식 면담이 하루 평균 서너 개씩 이어졌다. 한국호주재단과의 만찬 등 비공식 일정까지 이어져 빡빡한 일정은 계속됐다. 체력에는 자신이 있다고 생각했던 기자들도 기진맥진할 정도였다. 하루 서너 번의 공식 일정에 숨 돌릴 틈이 없기도 했지만, 간담회 주제가 FTA 항목만큼 다양해 협상 관세와 쇠고기, 금융, 광물, 그린 에너지, 항만, 농업 이런 식으로 계속 바뀌며 긴장을 풀기 어려웠기 때문이다.

통역을 들으며 취재하는 기자들조차 지쳐 갈 무렵에도, 마른 체구의 류지예 통역사는 조금도 지친 기색 없이 놀라운 집중력을 발휘했다. 통역 방식은 호주 공직자가 영어로 말하면 그녀가 내용을 메모한 뒤 우리말로 통역하고 기자들이 우리말로 질문하면 다시 영어로 전달하는 순차 통역 방식이었다. 모든 간담회가 대부분 전문 용어로 이뤄졌고 사전 원고 없이 진행됐지만 그녀는 빈틈이 없었다.

류지예 통역사와 같은 호텔에서 며칠 밤을 함께 보내게 되면서 완벽한 통역의 비결을 알 수 있었는데 바로 탄탄한 기본기와 철저한 준비였다. 그녀는 면담 일정이 정해지면 전날 해당 기관 홈페이지를 찾아 미리 통역을 준비했다. 예컨대 호주의 태양광발전연구소와 면담이 정해지면 그 전날 밤 기자들이 쉴 동안 그녀는 호텔 방에 틀어박혀 인터넷으로 연구소 홈페이지를 찾아 핵심 용어를 확인하고 최근 한국에서 통용되는 관련 사항을 미리 숙지하는 것이었다.

이후 이 책을 쓰기 위해 다시 만나 인터뷰에 응한 류지예 통역사는 필자가 던진 모든 질문에 뛰어난 표현력으로 상세하게 답변했지만 한 치의 오류도 허용하지 않았다.

가령 동계 올림픽 통역 경험을 말할 때 "평창이 한 표 차로 떨어졌을 때"라고 언급한 뒤 얼마 뒤 이메일을 보내 자신의 기억이 정확하지 않아 인터넷에서 확인을 했더니 '네 표 차'였다고 정정해 오기도 했다.

"통번역사는 한마디로 충실한 전달자이고 끊임없이 노력해야 하는 직업입니다. 언어를 좋아하지 않으면 하기 힘들어요."

그녀가 말한 통번역사의 자질이 철저히 습관화되어 있다는 생각에 웃음이 나왔다.

입학도 졸업도 쉽지 않았던 통번역 대학원

류지예 통역사는 어릴 때부터 언어에 관심이 많았고, 영어로 쓰인 책 읽기를 좋아했다. 홍콩에서 근무하신 아버지를 따라 초등학교 5학년부터 고 2 여름까지 6년 동안 홍콩에서 살았기 때문에 영어가 익숙했다. 어린 시절 홍콩에서 살았던 경험은 진로에도 영향을 줬다. 대학에서는 영문학과 중문학을 동시에 전공했고 졸업 후에는 대기업에 입사했다. 그러나 1년 뒤 직장을 그만두고 대학원에 진학해 통역사와 번역사가 됐다. 진로를 도중에 수정한 것이 아니라 대학 4학년 때 통번역 대학원 진학을 준비했고 그해에 '대학원 합격'과 '취업'이라는 두 마리 토끼를 동시에 잡았기 때문이다.

취업은 통역사라는 프리랜서의 길로 들어서기 전에 일반적인 사회생활과 기업 문화를 체험해 보고 싶어 도전한 것이었다. 그녀는 대기업 해외 마케팅 부서로 배정됐지만 곧 그만두고 대학원에 입학했다.

"우리나라 기업 문화가 불합리한 면이 많다고 느꼈습니다. 개개인의 역할이 크지 않고 그 자리에 누가 앉아 있건 모두 비슷한 일을 하는데다 사업 목표도 객관적인 기준을 토대로 세우는 것이 아니라 위에서 내려오는 지침과 일방적인 통보에 따라 할당되는 경우가 많았죠. 담당 업무가 해외 마케팅 부서여서 더욱 그랬는지도 모르겠어요. 그래서 원래의 목표였던 통번역사가 되기 위해 직장을 그만두고 대학원에 진학했어요."

그녀는 대학 4학년 때 통번역 대학원 입시 준비 학원에 다녔다. 대학 전공 수업과 학원 수업, 스터디와 혼자 공부하기를 반복한 끝에 대학원에 지원한 첫해에 합격했다.

그녀에게 시험 준비 노하우를 물었다.

"우선 다독해야 합니다. 마냥 단어를 많이 외우는 것이 중요한 것이 아니라 많이 읽어서 자연스러운 영어의 흐름을 습득하고 글의 내용을 빨리 파악하는 능력을 길러야 합니다. 《이코노미스트(*Economist*)》와 《뉴스위크(*Newsweek*)》 같은 영어 잡지를 정기 구독하는 것도 좋은 방법입니다. 또 저는 라디오 뉴스를 작은 소리로 따라 말하는 것을 자주 했습니다. 이 연습을 계속하면 '듣고 읽기만 가능한 어휘(passive vocabulary)'를 '자유자재로 말하거나 쓸 수 있는 어휘(active vocabulary)'로 만들 수 있습니다.

스터디 모임에서 공부하는 것도 큰 도움이 됩니다. 다만 스터디를 하는 것에서 그치지 않고 서로 장단점을 정확히 짚어 주고 지적받은 부분은 고치는 노력이 반드시 필요합니다."

대학원 진학 준비 시절과 통번역 대학원 재학 시절 같이 스터디했던 동료들은 힘든 시기를 함께 보낸 만큼 지금도 든든한 친구이자 동료다.

통번역 대학원은 입학도 힘들지만 졸업도 쉽지 않다. 통역사는 공식적인 자격증은 없지만 통역사들의 세계에선 통번역 대학원 졸업 시험 통과가 일종의 자격증 같은 역할을 한다. 류지예 통역사가 졸업한 한국외국어대학교 통번역 대학원은 1년에 두 번 졸업 시험을 칠 기회가 주어지는데 3년 안에 통과하지 못하면 '수료'로 남는다. 졸업 시험은 첫 번째 시도에서 전 과목을 통과하는 대학원생의 비율이 절반에 불과할 정도로 관문이 좁다. 그녀의 졸업 학점은 4.5점 만점에 4.3점. 대학원 4학기 중 세 번은 성적 우수 장학생에 선발됐다. 대학원에서 얼마나 열심히 공부했을지 짐작이 가는 대목이다. 그렇게 2년 동안 자신이 부족한 부분을 채우기를 반복하자 어느덧 전문 통역사가 돼 있었다.

외국어는 공부한다고 생각하지 말고 즐겨라

가장 기억에 남는 일은 평창 동계 올림픽 유치 위원회에서 통역한 경험이다. 류지예 통역사는 2007년 국제 올림픽 위원회(IOC)에서 강원도 평창 유치 위원회를 방문해 현장 실사를 나왔을 때 2주 동안 평창 동계 올림픽 유치 위원회의 프레젠테이션과 질의응답 과정을 통역했다.

"당시 올림픽 종목별 경기장 10여 곳을 옮겨 가며 열리는 프레젠테이션 행사에서 통역을 맡았습니다. 우리나라 관계자가 설명한 뒤 외국인 심사 위원들이 질문하고 다시 우리나라 관계자가 응답하는 것을 순차 통역하는 일이었죠. 통역자인 저는 첫 번째 설명회에서 통역을 끝낸 직후 심사 위원들보다 먼저 다음 장소로 이동해 통역을 준비해야 했어요. 한번은 다음 설명회 장소가 10층 건물 옥상이어서 엘리베이터를 정지시켜 놓고 계단으로 10층까지 뛰어올라 가 숨을 고르며 대기하기도 했어요. 심사 위원들이 엘리베이터를 타고 올라오기로 예정돼 있어 스태프들은 엘리베이터를 이용할 수 없었기 때문이죠. 이밖에도 발표할 홍보 자료를 번역하고 발표자의 발음을 교정해 주는 등 이런저런 업무에 참여했습니다. 최종 심사 결과 평창이 불과 네 표라는 근소한 차로 올림픽 유치에서 떨어졌을 때는 저도 눈물이 났어요. 몇 주간의 작업을 함께하다 보니 정서적으로 감정 이입이 됐었나 봐요."

카드놀이를 할 때 상대의 얼굴만 봐서는 어떤 패가 있는지 알 수 없다는 데서 유래한 '포커페이스'라는 말이 있다. 통역할 때 류지예 통역사의 표정은 밝지만 표정 변화가 없는 포커페이스였다. 상대가 말실수를 하거나 발음이 이상해 이해되지 않는 경우에도 그녀는 표정 하나 바뀌지 않고 다시 되물어 내용을 확인한 뒤 통역했다. 항상 차분하게 보이는 그녀는 당황한 경험이 전혀 없을 것 같지만 실제로는 그렇지 않다고 했다.

"영어 통역을 하다 보면 생각 외로 비영어권 외국인을 상대로 일할 때가 많아 그들의 발음에 당황할 때가 종종 있습니다. 한번은 만찬 자리에서 스페인 사람이 '엔비로먼'을 열심히 외쳐 대는데 무슨 단어인지 도통 모르겠어 식은땀을 흘리다 결국 다시 한 번 이야기해 달라고 요청을 했죠. 침착하게 다시 듣다 보니 'environment'를 말하는 것임을 알 수 있었습니다. 숫자 통역도 집중력을 발휘하지 않으면 실수하기 쉬워요."

"통역은 꾸준한 연습을 통해 어떤 상황에서도 당황하지 않고 대처할 수 있는 순발력과 침착성, 또는 '뻔뻔함'을 기르는 것이 필요하죠. 통역의 매력이자 동시에 가장 까다로운 부분은 현장에서 바로 대응해야 한다는 점입니다. 예정에 없었던 어떤 내용이 튀어나올지, 어떤 돌발 상황이 발생할지 알 수 없기 때문에 주어진 정보를 토대로 최선의 준비를 한 후에는 자신의 실력을 믿는 수밖에 없습니다.

통역에 앞서 사전 준비도 열심히 해야 합니다. 평소에 신문 구독 등으로 시사 상식을 풍부하게 알고 있어야 하고 통역 일정이 정해지면 해당 분야에 대한 철저한 사전 조사와 준비를 해야 합니다. 사전 조사를 토대로 순발력, 집중력을 발휘해야 완벽한 통역이 됩니다. 그날 통역이 끝난 후 의뢰인이 진심으로 만족해할 때는 더없이 뿌듯함을 느낍니다.

통역을 잘하려면 탄탄히 다져진 언어 실력뿐 아니라 그 나라의 문화와 역사, 문학 등 배경지식이 있어야 하고 때로는 특정 분야의 전문성이 합쳐져야 합니다."

최근에는 통역에서도 특정 분야의 전문성이 강조되면서 대학에서 다른 전공을 공부한 뒤 통번역 대학원을 졸업하고 특정 분야 전문 통역사로 활동하는 경우도 많다고 한다.

"예컨대 약대와 약학 대학원을 나온 뒤 다시 통번역 대학원을 졸업해 의약 전문 통번역을 하는 통역사도 있어요."

통역사가 되는 데 별도의 자격증은 없다. 하지만 국제 회의 수준의 공식 통역은 통번역 대학원 출신들이 주로 맡는다. 그렇다면 통역사가 되려면 반드시 해외에서 공부해야 할까? 그렇지 않다. 류지예 통역사는 해외에서 공부한 경험이 있지만 그렇지 않은 통역사도 많다. 해외에서 거주한 경험이 있어도 한국어 실력이 부족하면 통역이 힘들 수 있고 국내에서 공부한 사람이라도 통역에 능숙한 경우도 많다고 한다. 양쪽 다 강점이 있고 부족한 언어가 있기 때문에 열심히 공부해야 하는 것은 마찬가지다.

"통역은 외국어에서 한국어로, 그리고 한국어에서 외국어로의 양방향 전달이 동일하게 중요합니다. 제가 통번역 대학원에 입학했을 때 동기들 가운데에는 외국에서 살다 온 '해외파'의 비중이 한국에서만 공부한 '국내파'보다 약간 더 적었습니다. 같이 대학원 입시를 준비하던 학생들 중에는 외국에서 다년간 거주해 영어는 유창했지만 한국어 실력이 부족해 합격하지 못한 친구도 있었습니다."

류지예 통역사는 전형적인 '해외파'로 분류되는 쪽이었지만 통번역 대학원 준비를 시작하면서 부족한 점이 많다는 사실을 뒤늦게 깨달았다.

"청소년기를 외국에서 보낸 만큼 한국어로 조리 있게 말하는 능력이 부족했고, 또한 시사적인 영어 표현도 자유롭게 구사할 정도로 익숙하지 않았습니다. 특히 영한 통역을 할 때 긴장을 하면 저도 모르게 말이 빨라지며 더듬거리게 되는 버릇이 있었죠."

이를 극복하기 위해 그녀는 한국어 신문, 특히 사설을 매일 낭독하고 지하철에서는 시사 주간지 등을 들고 다니며 수시로 읽었다. 통번역 대학원 입시 학원에 다닐 때에는 수업에 빠지지 않았고 되도록이면 발표 기회를 많이 가지려고 노력했다.

통역사는 어떤 자질이 필요할까?

첫째, 꼼꼼한 성격과 집중력이 중요하다. 들은 내용을 암기해 다른 언어로 바꿔 전달하는 상황을 반복해야 하니 집중력이 특히 필요하다.

둘째, 이해력이 필요하다. 번역과 통역은 내용을 이해해야 표현이 가능하기 때문이다. 말하는 사람이 다소 엉성하게 이야기해도 통역사는 그 말을 이해하고 의도를 살려서 조리 있게 전달해야 한다.

셋째, 사교력이 있으면 좋다. 공식 행사 외에 만찬 등 비공식적 행사에서 통역할 때도 많은데 이때에는 분위기에 잘 맞춰야 한다. 어떤 상황에서 어떤 주제에 관해서든, 심지어 농담까지도 통역이 가능해야 한다.

넷째, 대범함과 순발력이 필요하다. 성격은 외향적이든 내향적이든 관계없다.

다섯째, 자기 통제력이 필요하다. 대다수 통역사가 조직에 속하지 않고 프리랜서로 일하기 때문에 스스로 규칙적으로 생활할 수 있는 통제력이 필요하다.

또한 기본적으로 여러 분야에 상식이 많아야 하는데 그러려면 평소에 신문을 많이 읽어야 한다. 그녀는 대학원 입학 준비를 하면서 신문 기사로 공부를 많이 했고 요즘도 습관적으로 신문과 잡지를 챙겨 읽는다.

통역에는 크게 '동시통역'과 '순차 통역'이 있다. 정확한 의미 전달이 중요한 국제 협상에서는 시간이 좀 더 걸리더라도 정확한 통역이 가능한 순차 통역이 행해진다. 반면 여러 사람들이 모이는 국제 회의나 텔레비전 생중계 등에는 거의 실시간으로 통역하는 동시통역을 주로 한다. 류지예 통역사는 순차 통역을 주로 맡는다.

그녀는 프리랜서로 일하기 때문에 에이전시나 의뢰인으로부터 그때그때 통역 일을 의뢰받아 일한다. 통역 일은 몰릴 때도 있고 한가할 때도 있다.

"올해는 6월이 가장 바빴어요. 한국언론재단을 통해서만 두 개의 프로젝트를 맡았기 때문이죠. 한국 기자단의 호주 현지 취재에 8일 동안 동행해 통역했어요. 그 며칠 전에는 반대로 해외 언론인을 초청해 태안반도 등을 방문하며 녹색 성장을 주제로 마련한 '그린 코리아' 행사에서도 5일 동안 통역했으니 한 달의 절반은 통역한 셈이죠."

류지예 통역사는 번역 업무도 꾸준히 하는 편이다. 미국 경제 전문지 《포천(fortune)》을 국내에서 번역해서 발행하는 월간지 《포천 코리아》에서 영어 기사를 한글로 번역하는 업무를 하고 있고, 잡지 발행 초기에는 《한국 일보》 기자들이 쓴 한글 기사를 영어로 번역하는 일도 했다. 얼마 전에는 대학원생들이 번역한 '의료 통역사 교육 교재'를 감수하기도 했다.

프리랜서로 일하는 번역사들이 많은데 이 경우 업무 시간은 정해져 있지 않아 급하면 하루 종일 일하기도 하고 시간을 배분해 여유 있게 일하기도 한다. 특히 번역은 독해력과 문장력이 중요하다. 의미 전달이 중시되는 통역과 달리 번역은 완성된 형태로 남는 것이기 때문이다.

"독해력과 문장력은 하루아침에 쌓이는 것이 아니어서 의뢰받은 일을 하지 않더라도 평소에 신문과 잡지를 읽어 상식을 쌓고 준비해야 합니다. 또 완성된 번역을 세 번, 네 번 다시 읽어 보며 다듬는 깐깐함, 그리고 작업 과정을 통제할 수 있는 자제력이 필요한데 생각보다 어려운 것이 자제력이죠. 집에서 일하다 보면 텔레비전도 보고 싶고 인터넷 검색에도 빠져드는데 납기일을 맞추려면 매일 계획을 세워 실천해야 합니다."

내친 김에 영어를 잘하는 비법도 물었다.

"영어를 공부한다고 생각하지 말고 즐기세요. 영어가 생활의 일부가 돼야 합니다. 저는 어릴 때 영어로 된 동화책이나 소설책을 좋아해서 많이 봤어요. 공부한다고 생각하지도 않았는데 이 방법은 큰 도움이 됐어요. 영화를 좋아한다면 영어로 된 영화나 드라마를 보면 좋겠죠. 자신의 취향에 맞춰 공부하는 것이 좋고, 생활 속에서 영어를 많이 접해야 합니다. 저도 시사 주간지 등을 읽고 낯선 표현을 메모해 제 실력으로 만들려고 꾸준히 노력했어요."

단 한 번의 실수도 용납되지 않는 통역의 세계

통역사는 '매번 다른 상황에서 자신의 능력을 보여 줘야 한다.'는 것이 장점이자 단점이다.

통역사의 장점은 다양한 분야의 일을 할 수 있다는 것이다. 항상 새로운 분야를 공부해야 하는 부담감이 있지만 보람도 있다. 새로운 사람을 만날 기회가 많고 언어는 물론 문화까지 이해하고 전달해야 하기 때문에 사고의 폭을 넓힐 수 있다.

단점도 있다.

항상 새로운 사람을 만나는 것이 부담이 될 수도 있다. 또 많은 통역사들이 프리랜서나 계약직으로 일하기 때문에 소속감이 적고 직업의 안정성이 떨어질 수 있다. 끊임없이 노력해야 하고 항상 능력을 보여 줘야 하고 긴장해야 하는 직업이기도 하다.

"매번 자신의 자격과 능력을 보여 줘야 합니다. 단 한 번의 실수도 용납이 되지 않는 것이 통역의 세계죠. 항상 심리적 긴장감이 존재합니다. 그래서 긴장을 즐길 정도가 돼야 합니다."

화려해 보이는 겉모습 뒤에는 고충이 있다. 통역사는 의뢰받은 주제에 대해 아무리 철저히 공부를 하더라도 회의에 참석하는 전문가들에 비해 그 분야 지식은 부족할 수밖에 없고 어떤 내용이 갑자기 튀어나올지 예측할 수도 없어 긴장감이 큰 직업이다. 하지만 류지예 통역사는 긴장감을 '어느 정도의 스릴'이라고 표현하며 즐긴다.

"통역사라는 프리랜서의 길은 직업적 안정성이 부족한데 그래서 끊임없이 자기 계발이 가능하고 또 필수적이라는 점이 매력입니다. 자신의 실력만으로 매번 평가받는 직업이거든요. 그래서 일을 할 때마다 긴장도 되지만 일종의 희열을 느끼기도 한답니다. '아, 내가 살아 있다!'는 느낌이죠. 또 보수적인 직장 문화에 얽매이지 않고 자유롭게 일할 수 있다는 점이 제가 이 직업을 선택한 이유였습니다. 언어적 감각이 있고 새로운 도전을 즐기는 사람이라면 한번 고려해 볼 만한 매력적인 직업이라고 생각합니다."

모든 일에는 '탄탄한 기본기'와 '사전 준비'와 '집중력'이 필요하다는 공통점이 있다. 통역사는 매번 다른 상황에서 통역을 해야 하므로 더 철저히 준비하고 더 집중력을 발휘해야 한다. 끊임없이 노력해야 하고 단 한 번의 실수도 용납되지 않는 일, 그러나 언어를 좋아하고 다른 문화에 대한 호기심이 있다면 즐길 수 있는 것이 통역의 세계다.

어떻게 통역사가 되나?

통역사는 별도의 자격증은 없지만 국제 회의 수준의 공식 통역은 통번역 대학원 출신들이 주로 맡는다.

통역사들은 대부분 계약직이나 프리랜서로 일하지만 조직에 속해 있는지 여부에 따라 두 가지로 나뉜다. 우선 기업이나 기관에 속해 1~2년 단위로 근무 계약을 해 통번역사로 일하는 '인하우스 통역사'가 있다. 둘째는 '프리랜서 통역사'인데 이들은 대학원의 공식 센터 같은 에이전시나 개인적인 요청을 받아 일한다.

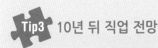 연봉은?

한국직업능력개발원의 '산업 직업별 고용 구조 조사'에 의하면 통역사는 7,892명이며, 이 가운데 여성은 72.6퍼센트를 차지하고 있다. 학력별로는 대졸이 75.9퍼센트, 전문대졸이 10.1퍼센트로 나타났다. 정부가 조사한 전체 통역사의 월 평균 임금은 213만 원이다.

하지만 통번역 대학원을 졸업한 전문 통번역사의 연봉은 이보다 높다. 통번역 대학원을 졸업하고 정부 부처에서 일하는 '인하우스 통역사'들은 4년 차를 기준으로 400~500만 원의 월급을 받고, 경력이 많은 경우에는 이보다 수입이 더 많다.

또 프리랜서로 일할 경우 통번역 대학원 출신 전문 통역사는 한 번 통역할 때마다 일당 80만 원을 받는다. 번역은 통번역 대학원을 나오지 않아도 하는 경우가 많지만 번역료에서는 역시 차이가 크다.

Tip3 10년 뒤 직업 전망

사회가 개방화, 국제화되면서 통번역사의 수요가 늘어나 고용도 증가할 것으로 전망된다. 이에 따라 수입과 직업적 전문성은 증가하겠지만, 통번역사는 계약직이나 프리랜서 형태로 일하는 경우가 많아 고용의 안정성은 그리 높지 않을 전망이다.

또 외국어를 잘하는 사람들이 늘어날 것이므로 특화된 전문 통역 분야에서 종사하는 통번역사들이 주목받을 전망이다.

불가능을 넘어 2

시각 장애 딛고
미국 로스쿨에 합격하는 기적을 이루다

예비 법조인
김현아

1986년 선천성 시각 장애를 안고 울산에서 태어났다. 12년 동
안 부산맹학교에 다녔다. 2004년 공주대학교에 입학해 특수
교육학과 법학을 동시에 전공하고 2010년 미국 미네소타대학
(University of Minnesota) 로스쿨에 입학했다.

자기가 무엇을 하고 싶은지 아는 것이 중요합니다.

왜 공부해야 하든지 생각하면 공부가 재미있고 더 잘 되죠.

— 예비 법조인 김현아

한국의 시각 장애인으로서는 최초로 미국 미네소타 대학 로스쿨에 합격한 예비 법조인이 있다.

'장애의 벽을 넘고 미국 로스쿨에 입학하다.'

언론은 2010년 시각 장애인인 스물다섯 살의 김현아 씨가 로스쿨에 합격하자 스포트라이트를 비추며 놀라워했다. 하지만 그녀가 한 계단 한 계단 밟아 온 과정과 극복해 온 삶의 역사를 지켜본 사람이라면 미국 유학행도 어쩌면 특별한 일이 아닌, 상급 학교 진학의 단계 중 하나로 여길 것이다. 사실 그녀는 태평양을 가로질러 떠난 미국행만큼 힘겨운 유학 생활을 이미 16년째 계속해 오고 있었기 때문이다.

김현아 씨는 울산에서 태어나고 성장했다. 하지만 초등학교부터 대학교까지 맞는 학교를 찾아 다른 도시에서 공부해야 했다. 초등학교 때부터 12년 동안 부산에 있는 맹학교로 매일 통학했고, 대학도 특수 교육학과가 있는 국립 대학교로 진학했다.

12년 동안 매일 세 시간씩 통학

김현아 씨는 태어난 지 백일이 지났을 때 전혀 앞을 보지 못한다는 판정을 받았다. 망막색소변성증이라는 선천성 시각 장애였다. 초등학교에 입학할 나이가 된 현아 씨는 부산맹학교에 입학했다. 울산에는 맹아 학교가 없었고 당시만 해도 일반 초등학교에서는 시각 장애인과 통합 교육을 하지 않았다. 부산의 맹학교는 통학 버스를 운영했지만 울산까지는 버스가 오지 않았다. 울산에서 부산까지는 차를 타고 왕복 세 시간 거리인데, 12년 동안 어머니가 매일 차로 통학을 시켜 줬다. 김현아 씨도 대단하지만 왕복 세 시간 거리를 하루도 거르지 않고 딸을 통학시켜 졸업시킨 그녀의 어머니도 대단하다.

12년 뒤 그녀는 대학에서 특수교육학과 법학을 복수 전공했고 다시 4년 뒤 미국 미네소타대학 로스쿨에 입학했다. 김현아 씨는 미국 컬럼비아대학교에 교환 학생으로 공부했던 5개월 외에는 미국에 가 본 적이 없다. 더구나 앞이 보이지 않는데 어떻게 로스쿨에 합격할 수 있었을까?

"사람들은 로스쿨 합격이 놀랍다는데 저는 사실 대학 입학이 더 힘들었어요. 대학 입시 준비가 또래 인문계 고등학교 학생들에겐 당연한 일이죠. 하지만 모두가 직업 교육을 받는 맹학교에서는 많이 튀는 결정이었어요. 친구들과 다른 길을 가며 혼자서 감행하는 '대학 입시 준비'였기에 제게는 거대한 도전이었죠."

하지만 김현아 씨는 불만을 마음속에 새기기보다는 더욱 열심히 노력해 대학에 입학했고 법조인이 되는 첫 번째 관문을 당당히 통과했다.

홀로 입시 준비해 대학 합격

그녀는 맹아 학교 5학년 시절 반에서 열린 모의 재판 역할극에서 변호사역을 맡게 됐다. 주어진 상황에서 변론을 펴다 보니 재미있고 보람 있는 일일 것 같아서 이 일을 계기로 법조인의 꿈을 갖게 됐다.

"이후 법을 공부하고 싶은 꿈이 생겼습니다. 다만 장애 때문에 법학을 공부하기 힘들면 차선책으로 심리학을 공부할 수 있겠다고 생각했지만 꿈의 차원이 달랐습니다."

고등학교 격인 맹아 학교 상급반 시절 그녀는 꿈을 펴기 위해 대학에 입학하기로 결심했다. 대학 입시를 준비하면서 그녀는 두 가지 벽에 부딪혔다. 첫째는 시각 장애, 둘째는 대입과 맞지 않는 학교 교육 과정이었다.

맹학교는 진학 교육이 아니라 직업 교육에 중점을 둔다. 일주일간 학교 수업이 30시간이라면 인문계 고등학교와 같은 대학 진학에 도움이 되는 수업은 10시간도 채 되지 않았다. 나머지는 안마와 침술 등 직업 교육에 맞춰져 있었다. 따라서 대학 진학을 꿈꾸는 그녀가 입시 공부에 매달릴 수 있는 시간이 절대적으로 부족했다.

시각 장애라는 벽도 만만치 않았다. 그녀는 서점에서 원하는 책을 바로 읽을 수 있는 사람이 가장 부러웠다. 평생 딸의 눈이 돼 주겠다던 어머니는 늘 필요한 내용을 점자로 만들어 주셨다. 문제는 고 3이 되자 공부할 양이 늘어나 점자로 책을 만들 시간도 부족해졌다는 점이었다. 그래서 어머니가 참고서를 읽어 주는 내용을 들으며 공부했다. 다른 사람들과 같은 효과를 내려면 공부 시간을 세 배 이상 들여야 했다.

익숙한 줄 알았던 시각 장애의 벽이 훨씬 더 높다는 사실을 절감하게 되는 계기였다. 다른 사람보다 공부하는 속도도 느리고, 공부량이 부족하다는 사실에 포기하고 싶은 마음도 컸다.

"하지만 장애가 동기 유발이 될 수 있다고 마음을 다잡았어요. 환경이 힘드니까 더 잘할 수 있다고 스스로 용기를 내고 당당해지려고 노력했습니다."

공부 시간이 남보다 세 배 더 걸린다고 그녀에게만 하루가 72시간으로 늘어나는 것은 아니다. 모든 수험생에게 똑같이 주어진 하루 24시간을 그녀는 효과적으로 배분해 써야 했다. 그래서 과목에 따라 계획표를 세우기로 했다.

"무슨 과목은 하루 중 어느 시간에 집중이 잘 되는지, 어느 정도 공부 시간이 필요한지를 확인하며 공부했습니다. 수학과 영어 문법처럼 어렵고 집중이 필요한 과목은 공부가 잘 되는 아침 시간에 배치했습니다. 대신 집중력이 떨어지는 오후에는 쉬운 과목을 공부하고 10분씩 토막 잠을 자기도 했습니다."

대학에 입학하고 첫 번째 만난 어려움은 밥 먹는 것이었다. 맹학교에서는 급식을 식판에 담아 줬는데 대학 식당에서는 스스로 음식을 골라 담아야 했다. 다행히 한 달 뒤 대학에 '장애 학생 도우미' 친구가 생겼다. 장학금을 받고 장애인을 돕는 장애 학생 도우미는 그녀가 입학하면서 만들어진 제도다.

부모님의 도움은 대학에 진학해서도 계속됐다. 시각 장애인을 위한 전공 교재는 드물었기 때문에 부모님이 그녀를 위한 맞춤형 교재를 만들어 줘야 했다. 컴퓨터로 한글을 쳐 '파일'을 만든 뒤 시각 장애인용 노트북으로 불리는 '점자 정보 단말기'를 통해 점자로 읽거나 음성으로 듣는 방식이었다. 그래서 그녀가 일반 교재를 구입하면 부모님이 컴퓨터에 교재 내용을 한 글자씩 입력해 시각 장애인용 교재를 만들어 내는 작업을 반복했다.

그녀가 미국에 교환 학생으로 갔을 때 놀랐던 것이 시각 장애인들도 쉽게 공부할 수 있다는 사실이었다. 미국에서는 시각 장애인이 책을 구입한 뒤 출판사에 요청하면 원본 파일을 받을 수 있어 점자 정보 단말기로 곧바로 읽어 볼 수 있다. 하지만 아쉽게도 대부분의 한국 출판사들은 저작권 유출 우려를 내세워 원본 파일을 주는 것을 꺼린다고 한다.

미국 유학을 결심한 것도 장애인에게 좀 더 개방적인 사회적 분위기에서 공부하고 싶었기 때문이었다.

"제가 처음 미국 유학 결심을 밝히자 어머니부터 반대하셨죠. 공부 자체가 어렵고, 멀리 떨어지게 되면 가족들이 더 이상 저를 도와줄 수 없다는 이유 때문이었습니다."

그래도 일단 그녀의 굳은 결심을 확인하자 어머니는 다시 적극적인 도우미가 됐다. 800장이 넘는 법학 영어 사전을 컴퓨터로 스캔해 파일로 만들어 그녀가 점자 단말기로 읽을 수 있도록 하는 작업부터 시작했다. 유학 준비에 필요한 정보를 얻고 지원할 대학을 결정하는 데도 많은 도움을 주었다.

대학 졸업 후 2년 동안 '독학'으로 공부한 끝에 그녀는 결국 미국 로스쿨의 합격 통지서를 받았다. 그녀의 노력과 부모님의 도움이 있었기에 가능한 일이었다.

꿈은 이뤄진다

그녀의 꿈은 국제적으로 활동하는 변호사이다. 장애인을 비롯한 소수 계층의 인권과 복지 개선에 기여하기 위해 국제적으로 활동하는 변호사가 되고 싶단다.

예비 법조인이 돼 꿈을 이뤄 가고 있는 그녀가 장애라는 벽을 넘을 수 있었던 비결은 무엇일까?

첫째로 그녀의 긍정적인 성격을 꼽고 싶다. 살면서 제일 힘들게 생활한 기억을 말해 달라고 했더니 그녀는 잘 기억해 내지 못했다. 겨우 기억해 낸 두 가지가 어릴 때 장마철에 길 다니는 것이 다소 어려웠다는 기억, 그리고 대학 시절 시각 장애인용 교재가 시험 하루 전날 도착해 안달했고 만족스런 점수가 나오지 않아 실망했다는 이야기가 전부였다.

"힘든 일에 좌절하기보다는 잘 잊어버리고 낙천적인 편입니다."

둘째는 부모님의 헌신적인 지원이다. 맹학교 시절 12년 동안 차로 울산에서 부산까지 통학을 시켜 주신 어머니는 대학 진학 뒤에도 계속 시각 장애인용 교재를 만들어 주셨다. 현아 씨는 어머니 아버지가 어렸을 때부터 자신에게 책을 많이 읽어 주셨지만 한 번도 공부하라고 말한 적은 없다고 했다.

"어머니는 성격이 밝으세요. 가르침을 줄 때도 '무엇을 해라.'가 아니라 자기 스스로 할 수 있도록 이끌어 주셨어요. 여러 가지 경험도 많이 하게 도와주셨죠. 대학에 진학한 뒤 다른 친구들과 비교해 보니 저의 경험이 더 다양해 놀랐습니다."

부모님은 현아 씨가 다양한 취미를 갖게 해 주었다. 그래서 그녀는 피아노와 바이올린 실력이 수준급이고 수영도 할 줄 안다. 피아노는 고등학교 때까지 계속 연습해 고등학교 재학 중 전국 장애인 예술제에서 음악 부문 1등을 할 정도였다. 주말에는 가족들끼리 여행을 많이 다니고 이야기도 많이 하는 편이다.

마지막 성공의 비결(아직은 진행형이지만)은 그녀 자신이 키워 온 꿈이다. 법조인이 되겠다는 꿈이 있었기에 장애를 딛고 하루 24시간을 쪼개가며 공부할 수 있었던 것이 아닐까? 그래서 그녀의 마지막 말은 어떤 말보다 더 호소력 있게 귀에 와 닿는다.

"자기가 무엇을 하고 싶은지 아는 것이 중요합니다. 하고 싶은 것을 먼저 찾아보고 하겠다면 그 방향을 향해 나를 맞춰 갈 수 있습니다. '내 꿈은 이뤄진다.'고 긍정적으로 생각하고 한 길로 나갈 수 있었으면 합니다. 왜 공부해야 하는가를 생각하면 공부가 재미있고 더 잘 되죠."

마음속에 '큰 바위 얼굴'을 정해 놓고
판사의 꿈을 이루다

판사 백승엽

1970년 부산에서 태어나 서울대학교 법대와 동 대학원을 졸업
했다. 1995년 사법 시험에 합격해 이듬해 사법 연수원에 입문했
다. 군법무관, 인천 지법, 서울 중앙 지법, 울산 지법 등을 거쳤으며
2009년부터 서울 동부 지법 형사 단독 판사로 재직 중이다.

공부해서 판사가 되는 것은 어렵죠.

하지만 스포츠나 연예계에서 성공하는 것은 더 어렵잖아요?

그런 면에서 판사는 도전해 볼 만한 직업입니다.

— 판사 백승엽

사전에 면담 약속을 하고 찾아갔지만 현직 판사를 만나는 과정은 절차가 까다로웠다. 먼저 법원 입구에서 공항에서 하듯이 신분증을 보여주고 검색대를 통과해 위험물이 없다는 것을 보여 주었다. 사무실 앞에서는 직원들이 담당 판사에게 전화를 걸어 "방문 약속이 되어 있다."는 말을 확인한 뒤에야 비로소 출입할 수 있었다.

이처럼 다소 폐쇄적으로 보일 정도로 판사들이 외부와 격리된 채 일하는 이유는 현직 판사를 만난 뒤에 알 수 있었다.

판사와 검사, 변호사 등 법조인 3인 가운데 판사가 다른 두 직종과 가장 다른 점은 '독립성'이다. 수많은 직업들 가운데서도 판사처럼 철저하게 외부의 간섭을 받지 않고 독립적으로 일하는 경우는 드물다. 판사가 내리는 판결은 법원 상층부로부터 간섭받는 경우도 드물고 심지어 법으로도 독립성이 보장돼 있다.

판사의 독립성을 법으로 보장하는 이유는 재판의 공정성을 위해서다. 하지만 이처럼 독립적인 업무 특성은 이 직업에 대한 오해를 낳기도 한다. 일반인들이 판사에 대해 갖는 두 가지 편견이 있다. 하나는 판사는 법정에서 재판 업무만 맡고 나머지 준비 업무는 다른 직원들이 할 것이라는 생각이고, 다른 하나는 변호사처럼 돈을 많이 벌 것이라는 생각이다.

하지만 실제로 판사는 재판정에서보다 법정 밖에서 판결문을 쓰고 준비하는 데 더 많은 시간을 보낸다. 오케스트라 지휘자가 무대에 오르기 전에 연주할 곡을 고르고 여러 단원들과 연습하는 데 더 많은 시간을 보내는 것과 비슷하다.

수입도 공무원인 판사와 자유직인 변호사는 크게 차이가 난다.(정부가 발표한 공식적인 월 평균 임금은 판사는 464만 원, 변호사는 745만 원이지만, 실제 연봉 격차는 이보다 더 크다.)

하지만 법조계 내에서 판사가 인기 1순위인 것을 보면 분명 금전적 보상 이상의 매력이 존재하는 모양이다. 변호사는 재판 과정에서 한쪽의 변론을 도와주지만 판사는 판결을 내리는 결정권자라는 자부심이 강하다.

평소 외부와의 접촉을 자제하는 판사들의 세계를 알기 위해 11년 차 백승엽 판사를 만났다. 폐쇄적으로 보이는 법원의 분위기처럼 판사도 근엄할 것이라는 예상은 편견이었다. 백승엽 판사의 첫인상은 이웃집 아저

씨처럼 친근하고 답변도 시원시원했다. 눈에 띄는 점은 모든 질문에 대한 답변이 신문 사설처럼 논리적이고 정확한 언어 구사가 몸에 배어 있다는 것이었다.

2006년 1월 법원 앞에서 수백 명이 시위를 하고 있었다. 시위자들은 그 지역 최초의 재래시장인 중앙 시장 상인 150여 명이었다. 입주한 시장 건물이 경매에 낙찰돼 하루아침에 길거리로 내몰릴 위기에 놓이자 상인들은 경매가 열린 법원으로 몰려온 것이었다. 상인들은 몇 년 전 시장 재건축을 위해 수천만 원씩 분담금을 내고 개별 점포를 분양받았다. 하지만 전체 상가의 분양률이 3분의 1에 그쳐 시공사가 자금난을 겪자 건물 전체를 경매에 넘겨 낙찰된 것이다. 법적으로 상인들은 '개인'이 아니라 '시장 상인회' 명의로 등기를 한 터라 빈손으로 점포를 비워 줘야 할 입장이었다.

당시 판결을 맡은 판사는 법원에서 상인들에게 직접 말할 수 있는 기회를 줬다. 한 상인은 "빚을 내 점포를 분양받았는데 하루아침에 삶의 터전에서 쫓겨나게 됐고, 뇌출혈로 쓰러진 남편의 치료비도 마련하지 못하게 됐다."고 울먹였다. 상인들의 안타까운 사연들로 법원은 눈물바다가 됐다. 법원이 시위자들의 하소연을 들어주는 것도 이례적이었지만 더욱 이례적인 것은 판결이었다. '매각 허가 결정을 한 달 동안 연기하라.'는 판결이 내려졌다. 상인들은 이 결정을 듣고 집으로 돌아갔다. 상가 매각이 무효화된 것은 아니지만 이들은 낙찰자와 보상에 대한 협상 기회를 갖게 됐고, 실제 건물이 매각돼 점포는 비워 줬지만 삶의 터전인 시장을 떠나지 않았다.

당시 이 사건의 판결을 맡았던 판사가 바로 백승엽 판사다. 그에게 당시 '매각 허가 결정 연기'라는 판결을 한 이유를 물었다.

"일반적으로 경매가 낙찰되면 법원은 '매각 허가 결정'을 연기하지 않습니다. 경매는 소유권을 얻게 된 낙찰자뿐 아니라 임차인, 채권자와 채무자 등 여러 사람의 이해관계가 얽혀 있어 기계적으로 처리하는 것이 가장 공정하다고 보기 때문입니다. 하지만 이 경우는 다수의 영세 상인들이 갑자기 딱한 처지에 놓였고, 협상을 통해 시간을 벌어 주면 피해를 줄일 여지가 있었기에 이렇게 판결했습니다."

인생에서 처음으로 겪은 실패, 삼수 끝에 법관이 되다

백승엽 판사는 법대를 졸업하고 사법 시험에 합격한 뒤 사법 연수원과 군법무관을 거쳐 판사로 임용됐다.

진로가 불투명해 답답해하는 사람들도 많은데 백승엽 판사는 그런 점에서 행복하다고 해야 할까? 그는 어린 시절부터 판사를 꿈꿨다.

"영화에서 본 판사가 정의감이 있고 막연히 좋아 보여 다른 진로는 생각하지 않았습니다."

한결같이 논리적인 그의 답변 가운데 거의 유일하게 감각과 직관에 의존한 대답이었다. 사법 고시도 힘들지만 판사 임용도 어렵다. 판사가 되려면 사법 연수원에서 상위권에 들어야 하는데 당시 사법 시험에 함께 합격한 동기 300명 가운데 성적 우수자 100여 명만 판사로 일하고 있다고 한다.

확고한 목표만큼 진로 이탈도 없어 보이지만 그는 사법 시험에서 두 번의 실패를 맛봤다. 대학 4학년 때 1차 시험에는 합격했지만 2년 연속 2차에서 내리 떨어졌다. 다시 다음 해 시간을 벌기 위해 법학 대학원에 다니며 재도전했지만 이번에는 단 한 문제 차로 1차 시험에서마저 낙방했다. 3년의 공부가 실패로 끝난 것이다. 다시 다음 해인 대학원 2학년 시절, 스물여섯 살이었던 그는 이번에도 실패하면 군에 입대해야 하는 절박한 상황에서 1, 2차 시험에 연속 합격했다.

백승엽 판사는 그때까지 실패를 경험해 본 적이 없었기에 두 번의 시험 실패에 조바심이 났지만, 돌이켜 보니 참 다행스런 인생 경험이었다고 한다.

"지나고 보니 그 실패가 인생을 살아가는 데 성숙해지는 밑바탕이 된 것 같습니다. 실패하더라도 좌절하거나 두려워할 필요가 없어요. 실패를 인생의 자양분으로 여기고 다음을 준비하면 되니까요."

삼수 끝에 성공한 그의 합격 비법이 무엇인지 궁금해졌다.

"시험은 시험이지 학문이 아닙니다. 모든 시험은 요구하는 것이 무엇인지 파악해 맞춤형으로 준비해야 합니다. 사법 고시는 워낙 과목이 많은 데다 나흘 동안 치르기 때문에 마지막 정리가 중요합니다. 공부한 내용을 전체적으로 요약해 정보를 담아서 제대로 표현하는 것이 필요하죠."

한 사람의 운명을 바꿀 수 있다는 책임감을 가져야

이 책을 쓰기 위해 여러 사람들을 만나면서 발견한 재미있는 사실은 인터뷰에 응하는 그들의 태도가 이미 자신이 무슨 일을 하는지 말해 준다는 것이다. 백승엽 판사는 '판사직의 장단점과 판결에 대한 단상'을 정리한 글을 주며 참고하라고 했다. 문서로 말한다는 '판사다움'을 보는 듯했다. 판사의 자질에 대해 물어봤을 때 그가 말한 자질 가운데 첫 번째인 '꼼꼼함'이 몸에 배어 있다는 것을 알 수 있었다.

"의사가 생명을 직접 다루는 직업이라면 판사는 한 사람의 운명을 좌우하는 일을 합니다. 그래서 첫째가 철저하고 꼼꼼해야 합니다. 재판은 오판에 대한 염려가 있기 때문에 오판을 줄이기 위해서는 사전에 사건 기록을 검토하면서 실수를 하지 않아야 합니다.

둘째로 정의감이 있어야 합니다. 누군가에게 정말 도움이 되는 판결을 해야 한다는 자부심과 소명 의식이 필요하죠. 또 논리성도 필요합니다. 상황을 논리적으로 분석해 합리적인 결론을 내야 하기 때문입니다. 마지막으로 법률에 대한 전문 지식과 표현력이 필요합니다. 자신의 소신이나 주장을 법리를 통해 표현할 수 있어야 하기 때문입니다."

덧붙여 창의성도 있으면 좋겠다는 것이 백 판사의 생각이다. 대개의 사건은 판례(비슷한 사건에 대한 이전 판결들)와 확립된 법률 지식에 따라 판결하는데 구체적 타당성이나 판례가 부족하면 새로운 법리를 개발해 나름의 논리를 펴야 한다. 하지만 이때의 창의성은 '논리성 위의 창의성'이라는 점에서 예술가들의 창의성과는 다르다.

외국어 실력은 어떨까? 영어는 사법 시험 과목 중 하나여서 판사가 되는 과정에는 필요하다. 하지만 재판을 할 때는 통역사가 있어 업무상 영어 실력은 많이 요구되지 않는다. 다만 서울 중앙 지법의 국제 거래 전문 재판부에서 근무하려면 영어 실력이 좋아야 한다.

판사의 자질을 키우려면 무엇을 준비해야 할지 물었다.

"로스쿨의 원조인 미국에서는 문학과 역사 전공자들이 로스쿨에 많이 진학한다고 합니다. 판사는 기록을 검토하고 판결문을 작성하는 것이 주된 업무인데 문학이 글쓰기에 도움이 되기 때문입니다. 미국은 또 헌법을 중시하고 헌법이 역사와 맞물려 있기에 역사적 지식도 법조계에서는 중시됩니다. 이와 같은 인문학적 소양이 로스쿨 진학과 법조인의 자질에 맞는 바탕을 다지는 데 도움이 된다고 봅니다. 다만 우리나라에서는 논리성과 법률적 지식을 강조하니까 이 부분도 보완해야죠."

법의 이름으로 정의 실현

판사는 법의 이름으로 정의를 실현하고 억울한 사람들을 도와주는 것이 가장 큰 자부심이자 보람이다.

또한 판사직의 가장 큰 장점은 바로 독립성에 있다. 맡은 판결에 대한 최종 권한은 판사가 갖는다. 일반 회사원들과 달리 상사의 간섭을 받는 일도 드물다.

"판사는 양심에 따라 판결을 하고 외부로부터 독립성을 보장받습니다."

업무 자체가 사회에 봉사하는 일이라는 장점도 있다. 제대로만 한다면 판사는 맡은 일을 잘하는 것만으로도 많은 사람을 도울 수 있다.

공무원이라 안정적인 직업이라는 점도 빼놓을 수 없다. 판사는 10년마다 재임용 심사를 거쳐 재임용되지만 결격 사유가 없으면 정년(일반 판사의 경우 63세)까지 근무가 가능하다.

또한 인사 구조와 업무 특성상 동료와 경쟁하는 일이 적기 때문에 직장 분위기가 좋은 편이다.

하지만 단점도 있다.

첫째, 월급이 많지 않다. 보수가 일반 공무원들보다는 많지만 동등한 관문인 사법 고시를 통과한 변호사와 비교해서는 적다. 또 초봉은 비교적 높지만 월급 상승분이 적다.(전직 판사나 변호사를 통해 확인한 결과 판사의 초봉은 월 300만 원이고 15년 차 판사의 월급이 500~600만 원 선이라고 한다.)

"맞벌이를 하거나 지방에서 생활하는 경우라면 괜찮지만 서울에서 외벌이로 사는 판사는 생활하기에 넉넉한 편이 아닙니다. 그래서 후배들에게 '돈을 벌기 위한 목적으로는 판사가 되지 마라.'고 합니다. 판사는 명예직이라는 데 만족해야 합니다."

둘째, 인간관계와 세계관의 폭이 좁아진다. 판사는 재판의 공정성을 위해 외부와의 접촉을 피하기 때문이다. 사회 흐름은 인터넷과 언론을 통해 간접적으로 듣는 정도라고 한다.

셋째, 매일 '싸우는 일'을 조정하는 것이 주 업무라 이에 따른 스트레스도 있다. 정의감을 토대로 판결하고 뿌듯해하는 일은 드물고, 서류와 계약서, 증거물 등을 확인하고 서로 옳다고 우기는 당사자들의 말을 맞춰 보는 일이 업무의 대부분이다.

"끊임없이 싸우는 사람들을 보면서 인간의 본질에 대해 냉소적이 되거나 답답해지기도 합니다. 그래서 판사는 사명감과 인내심이 더욱 요구됩니다."

영화 속에서 흔히 등장하는 법정 장면은 검사와 변호사의 변론 대결

장면이다. 그 사이에서 짧게 판결만 하는 판사는 단역처럼 존재감이 적어 보인다. 이런 때문인지 사람들은 판사가 재판정에서 판결하는 것 외에 업무가 거의 없다고 오해하기도 한다.

하지만 우리나라의 재판은 영화에서처럼 쌍방(변호사와 검사 등)이 설전을 벌인 뒤 판사가 즉석에서 판결하는 경우는 드물다. 판사는 판결문을 미리 준비하고 재판정에서는 관련자들의 주장을 듣고 증거를 확인해 최종 판결을 내린다.

"판사는 판결에 앞서 법정 밖에서 사건 기록과 법 조항을 뒤적이고 판결문을 직접 쓰는 데 훨씬 더 많은 시간을 보냅니다."

판사는 기본적으로 주 5일 근무를 한다. 5일 중 이틀은 재판을 직접 진행하고 나머지는 재판을 준비하거나 기록물을 검토해 판결문을 작성하는 데 보낸다.

"판사들은 날짜는 헷갈려도 요일은 정확히 기억합니다. 재판이 일주일 단위로 규칙적으로 열리기 때문입니다."

백승엽 판사의 한 주 일정은 다음과 같았다.

월요일: 다음 날 조정(재판 쌍방이 서로 양보하고 원만한 합의를 유도해 분쟁을 종결짓는 것) 일정이 잡힌 기록이나 변론 준비 일정이 잡힌 사건 기록을 검토한다. 새로 다루는 사건은 재판이나 조정 일정을 잡기 위해 사건을 검토한 뒤 보정(주장이나 증거가 부족할 경우 보완하도록 하는 것)을 명하기도 한다.

화요일: 조정실에서 당사자 쌍방의 의견을 듣고 조정을 시도한다.

수·목요일: 재판에 앞서 선고할 기록을 미리 검토하고 판결을 작성한다.

금요일: 각 사건에 대한 재판을 진행하고 판결을 내린다.

이밖에도 틈틈이 재판 실무 관련 논문을 준비하기도 한다. 백승엽 판사의 경우 밤 10시까지 일하는 야근이 일주일에 평균 2~3회 정도 된다고 했다.

재판부는 기본적으로 주 5일 근무이지만 재판부에 따라 업무 편차도 있다. 서울 고등 법원처럼 복잡한 사건이 많고 바쁜 재판부는 토요일에도 일한다.

가치 있는 일 가운데 쉬운 일은 없다

"누구나 너대니얼 호손의 소설 속 '큰 바위 얼굴' 같은 존재를 정해 두고 본받기 위해 노력하다 보면 그렇게 될 수 있어요. 친구와 가족, 선생님, 선배 등 큰 바위 얼굴을 마음속에 정해 두고 노력하는 것이 중요하죠."

하지만 현실에서는 '큰 바위 얼굴'은 너무 멀리 있고 또 이상형과 같이 되는 것은 시간도 많이 걸리니 포기하고 싶지 않을까?

"맞습니다. 고등학교 때 저는 오래달리기를 잘 못했어요. 당시에는 대학 입시 때 체력 테스트인 체력장 시험을 봤어요. 마지막 종목인 오래달리기에서 4분 20초를 뛰어야 20점 만점을 받고 원하던 대학에 안전하게 갈 수 있을 것 같았어요. 평소 연습할 때 저의 최고 기록은 4분 50초였죠. 저는 달리기를 아주 잘하는 친구를 목표로 잡지 않았어요. 대신 4분

20초 안에 뛰는 친구 한 명을 정해서 그 친구만 따라 달리기로 했어요. 그렇게 해서 태어나서 처음 체력장에서 만점을 받았습니다.

사람이 하는 일 중에서 되지 않는 일은 없어요. 진정으로 원하고 노력하면 그 분야에서 소질이 없다고 하더라도 결국에는 잘할 수 있다고 생각합니다."

백승엽 판사는 '세상에 가치 있는 일 치고 쉬운 일은 없다.'는 점을 거듭 강조했다.

"학창 시절 제가 다니던 중고등학교에서는 야구부와 농구부가 있어서 매년 전국에서 1, 2등씩 하는 선수들이 선발돼 입학했습니다. 저와 함께 학교에 다녔던 그 뛰어난 선수들 중 현재까지 이름난 스타가 된 사람은 한 명도 없고, 운동을 해서 생활비를 버는 사람도 손꼽을 정도입니다. 공부해서 판사가 되는 것은 어렵죠. 하지만 스포츠나 연예계에서 성공하는 것은 더 어렵잖아요? 책 읽는 것을 즐기고 어느 정도 학업 성적이 되는 사람이라면 판사는 도전해 볼 만한 직업입니다."

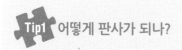

Tip1 어떻게 판사가 되나?

판사가 되는 방법은 두 가지가 있다.

첫째, 사법 시험에 합격하고 2년간의 사법 연수원 과정을 수료해야 한다. 사법 시험에 응시하려면 법학 과목을 35학점 이상 이수하고, 공인 영어 성적이 일정 점수 이상이어야 한다. 응시자는 법학 전공자가 대다수이다. 사법 시험에 합격해도 판사가 되려면 사법 연수원 성적이 상위권이어야 한다. 최근 몇 년 동안은 연간 130~150명이 판사로 임용됐다. 사법 연수원 성적은 판사, 검사, 변호사 순이다.(2010년의 경우 판사 임용이 가능한 사법 연수원생 커트라인은 170등이고, 검사는 350등 대로 알려졌다. 최근에는 일부 최상위권 사법 연수원생들이 대형 로펌을 선호하기도 한다.)

둘째, 4년제 대학을 졸업한 뒤 법학 전문 대학원(로스쿨)에 입학해 3년간 수학하고 변호사 시험을 통과한 뒤 개방형 임용제를 통해 판사로 임용되는 방법이 있다.

로스쿨 제도의 도입으로 사법 시험은 2017년에 폐지되고 선발 인원도 매년 순차적으로 줄일 예정이다. 2011년 사법 시험 선발 인원은 700명이며, 2012년에는 500명, 2013년에는 300명으로 점차 줄어든다.

관련 기관: 법무부 법조인력정책과(www.moj.go.kr), 대법원(www.scourt.go.kr), 사법 연수원 (www.jrti.scourt.go.kr)

| **사법 시험**(2011년 기준) |

❶ 응시 자격

• 법학 과목 35학점 이수 서류 제출

• 토플, 토익, 텝스 성적 중 1개 제출

: 토플(PBT 530점 이상, CBT 197점 이상, IBT 71점 이상), 토익 700점 이상, 텝스 625점 이상

❷ 1차 시험(선택형 필기, 2월)

• 필수 과목: 헌법, 민법, 형법,

• 선택 과목: 국제법, 노동법, 국제 거래법, 조세법, 지적 재산권법, 경제법, 형사 정책, 법철학 중 1과목

❸ 2차 시험(논술형 필기, 6월)

– 헌법, 행정법, 상법, 민사 소송법, 형법, 형사 소송법, 민법

❹ 3차 시험(면접, 11월)

사법 시험은 1차 시험을 통과한 사람에 한해 2차 시험 응시 기회를 두 번 준다. 1차 시험은 객관식으로 하루 동안, 2차 시험은 주관식으로 4일 동안 실시한다. 3차 면접 시험에서는 2~5명가량 탈락한다. 현직 판사와 검사, 법대 교수 등이 면접관으로 참가해 편협한 시각을 가진 사람을 걸러낸다. 다만 탈락자는 1년 뒤 다시 면접 기회를 갖고 이때 대부분 합격된다. 사법 시험 정원과 세부 내용은 매년 조금씩 변경되고 있다.

 Tip2 법학 전문 대학원은 무엇을 준비해야 하나?

법학 전문 대학원은 2009년 시행됐다. 현재 25개 대학이 법학 전문 대학원을 운영하고 있으며 전체 정원은 2000명이다. 학사 학위 이상 소지자는 학부 전공에 관계없이 누구나 응시 가능하지만 진학에 유리한 학과는 인문·사회 계열 학과다. 기본적으로 기록을 검토하고 판결문을 작성할 수 있는지 적성 검사를 한다. 때문에 논리성과 법률적 지식, 논리적 글쓰기 실력을 갖춰야 하고 역사와 문학 등 인문학적 소양도 중시된다. 2012년부터 사법 시험과 병행해 법학 전문 대학원 출신 변호사들이 법조계로 진출을 시작한다. 법학 전문 대학원 1기생은 정원 대비 75퍼센트를 변호사 시험에 합격시키기로 결정했지만 이후 합격률은 미지수이다.

| 법학 전문 대학원 전형 요소(2012학년도 기준) |

2012학년도의 경우 법학 적성 검사는 8월에 실시되고 10월에 대학원별로 원서 접수를 하며 11월에 입시 전형이 이뤄진다. 입시 전형 때는 자기소개서와 학업 계획서를 제출하고 이것을 바탕으로 면접을 본다. 구체적 선발 방법은 법학 전문 대학원별로 다르지만 공통되는 부분은 다음과 같다.

❶ 1단계 전형

- 법학 적성 시험(언어 이해, 추리 논증, 논술), 대학 성적, 영어(토익, 토플, 텝스 중 선택)
- 법학 적성 시험의 '언어 이해' 과목은 대입 수능에 있는 언어 영역의 심화 단계와 비슷하고, '추리 논증'은 주어진 상황에서 단서를 추적해 문제를 풀어 가는 추리와 논리 문제들로 구성된다.

❷ 2단계 전형
- 논술 및 면접(1단계에서 제출한 논술 답안지를 각 대학원별로 채점)

Tip3 연봉은?

한국직업능력개발원의 '산업 직업별 고용 구조 조사'에 따르면 판사와 검사는 3,883명이고, 전체 가운데 여성은 38.5퍼센트이다. 학력별로는 대졸이 79.2퍼센트, 석사 이상이 20.8퍼센트이며, 이들의 월 평균 임금은 464만 원으로 조사됐다.

전직 판사와 변호사에 따르면 실제 판사들의 초봉은 월 300만 원이고 15년 차 판사의 월급은 500~600만 원이라고 한다.

Tip4 10년 뒤 직업 전망

정부 정책에 따라 달라질 수 있지만 판사의 고용은 증가할 전망이다. 사회가 복잡하고 다양화되면서 여러 종류의 법률 분쟁이 늘어나고 있고 분쟁 내용도 세분화되고 있기 때문이다. 오랜 기간을 준비해야 하는 판사직의 특성상 전문성과 직업적 안정성도 유지될 전망이다.

2017년 사법 시험이 폐지되면 법학 전문 대학원 출신이 대거 판사직에 진출하겠지만 당분간은 사법 시험과 법학 전문 대학원이 병행되는 과도기 양상을 보일 것이다. 변호사 가운데 우수한 인재를 판사로 임용하는 개방형 임용도 늘어날 전망이다.

유니폼만 입으면 힘이 나는
하늘의 슈퍼우먼

객실 승무원
조승자

1977년 서울에서 태어나 성신여자대학교 중문학과를 졸업했
다. 1999년 아시아나 항공에 입사해 객실 승무원으로 입문했다.
현재 아시아나 항공 국제선 승무원 겸 교관으로 재직 중이다.

아무리 아파도 비행기만 타면 힘이 생깁니다.

유니폼을 벗고 나면 골골해지고 피곤해지는데

유니폼을 입으면 프로답게 잘하고 싶습니다.

— 객실 승무원 조승자

비행을 하면서 가장 인상에 남는 손님을 묻자 인터뷰를 하던 승무원(스튜어디스)의 눈에 눈물이 맺혔다.

"미국 로스앤젤레스에서 귀국하던 비행기였어요. 비행기가 곧 한국에 착륙한다는 안내 방송이 나오자 한 할아버지 승객이 갑자기 큰 소리로 울기 시작하셨어요. 승무원들이 놀라 이유를 여쭤 봤더니 그분은 '죽기 전 고국 땅을 밟아 보고 싶어 20년 만에 귀국하는 길이다.'라고 말씀하셨어요. 비행기를 타는 것이 제게는 일상이지만 그 손님에겐 어쩌면 평생 처음이자 마지막 비행이 될 수도 있겠구나 하는 생각에 저도 눈물을 흘렸어요."

70대로 보이는 그 승객은 일행 없이 혼자 탑승했다고 한다. 거동도 힘들어 화장실에 갈 때도 승무원의 부축을 받아야 할 정도였고 그런 이유 때문인지 10시간 비행 내내 물도 마시지 않고 등받이도 뒤로 젖히지 않았다. 승무원들이 괜찮다고 말씀드리며 편히 쉬실 것을 권유했지만 그 승객은 다른 사람들에게 폐 끼치지 않으려고 애쓰는 것이 역력했다고 한다.

"착륙 직전에야 고국이 보고 싶어 혼자 여행하시게 된 할아버지의 사연을 듣고 좀 더 잘해 드릴걸 하고 후회도 했습니다."

객실 승무원인 조승자 씨의 눈물은 백 마디 말보다 그녀가 어떤 사람인지 더 잘 보여 주었다. 그녀는 인터뷰 도중 예상치 못한 울음을 보인 데 대해 당황해하며 미안하다는 말도 되풀이했다. 그녀는 승무원의 자질에 대해 '사람을 좋아하고 마음이 따뜻해야 한다.'고 강조했는데 자신의 말과 태도가 정확히 일치한다고 생각했다.

그녀는 이 책을 쓰기 위해 인터뷰한 사람 가운데 가장 배려심이 돋보이는 사람이었다. 인터뷰 중에도 필자가 마시던 찻잔이 약간 기울어지자 질문에 답하면서 자연스럽게 바로잡아 주기도 했다.

친구따라 지원한 것이 평생 직업

10년 이상 객실 승무원으로 일하고 있는 그녀는 실무 지도 교관을 맡을 정도로 승무원의 반듯함과 단아함이 몸에 배어 있었다. 하지만 승무원이 된 계기는 오디션 보러 간 친구를 따라갔다가 데뷔했다는 연예인들의 단골 사연과 비슷했다.

그녀는 대학 전공이 중국어여서 원래는 중국어를 활용할 수 있는 해외 영업 분야에서 일하는 것을 목표로 잡고 취업을 준비했다. 하지만 외환 위기가 그녀의 운명을 바꿨다. 대학 4학년이었던 1999년은 외환 위기 직후여서 이곳저곳을 가릴 처지가 아니었다. 취업이 힘든 만큼 그녀도 여러 곳에 입사 원서를 냈다. 특히 다니던 대학에서는 항공사로부터 입사 지원서가 많이 왔다.

"취업난 속에 키가 165센티미터 이상인 졸업 예정자들은 한번쯤 항공사에 지원해 보는 분위기였습니다. 저도 승무원 취업을 준비하던 다른 친구를 따라 항공사에 지원했는데 정말 운 좋게 합격했어요."

하지만 실제로는 승무원 시험을 열심히 준비한 사람들이 더 많이 입사한다고 그녀는 강조했다.

'습관적인 따뜻한 태도'가 첫번째 자질

"승무원 체험을 하러 온 사람들 중에는 외모는 승무원 같은데 며칠 함께 지내다 보면 자질을 갖추지 못한 경우가 많아요. 예를 들어 문을 열고 나가면서 바로 뒤 동료를 기다려 주지 않고 문을 닫아 버리는 사람, 버스로 이동한 뒤 운전기사에게 인사도 하지 않고 내리거나, 심지어 공주처럼 자기 짐을 누가 내려 주기를 바라는 사람은 바로 탈락이죠."

미국의 사우스웨스트 항공사를 창업한 허브 켈러허 전 회장은 "우리는 사람을 뽑을 때 '태도(attitude)'를 보고 뽑는다."라고 말했다고 한다. 영어 사전에서 'attitude'를 찾아보면 이 단어의 뜻은 단순한 '태도'가 아니라 '마음가짐이나 습관적 태도'를 뜻한다. 이 말에서 알 수 있듯이 승무원에게 필요한 것은 외모와 실력이 전부가 아니다. 겉으로 보여지는 외모는 그럴듯하게 꾸밀 수도 있고 실력도 교육을 통해 쌓을 수 있지만 기본적으로 삶에 대해 가지고 있는 태도와 인성은 바꿀 수 없기 때문에 태도와 인성이 승무원을 뽑는 가장 중요한 잣대가 된다. 그렇다면 승무원에게는 어떤 자질이 필요할까?

"첫째로 인성을 제일 중요하게 봅니다. 기본적으로 사람을 좋아하고 마음이 따뜻한 사람이어야 합니다. 사람을 좋아하고 따뜻해야만 감동적인 서비스를 할 수 있습니다.

따뜻한 사람, 사람을 좋아하는 사람은 마음이 자연스럽게 얼굴에 드러납니다. 무엇을 하든 긍정적인 마음과 따뜻한 배려심, 이기적이지 않고 잘난 척하지 않는 마음이 바탕이 돼야 진심이 담긴 서비스를 할 수 있습니다."

또한 호감을 주는 인상도 중요하다. 마음은 따뜻한데 인상이 나쁜 사람도 있을 수 있지만 서비스를 하면서 따뜻함을 표현하지 못하는 것은 문제라고 본다.

"승무원이 되고 싶다면 이미지 메이킹을 해야 합니다. 표현력이 떨어지면 현실적으로 선발 경쟁에서 탈락합니다."

눈치와 감각도 필요하다.

"손님이 무엇인가 찾고 있는데 승무원이 그냥 지나가면 안 돼죠. 서비스를 할 수 있을 정도의 센스가 필요한데 어느 정도 노력하면 키울 수 있어요."

이밖에도 영어로 외국인과 일상적인 대화를 나눌 정도의 어학 실력이 필요하다. 또 체력도 중요하다.

과거에는 지원자들의 자격을 키 165센티미터 이상으로 제한했지만 이

제 키 제한은 없어지는 추세다.(항공사에 따라 키 제한이 있는 곳도 있다.) 하지만 체력 검사에서 수영과 악력(손바닥 힘) 등을 테스트한다. 승무원 은 무거운 것도 들 수 있어야 하고 체력이 뒷받침되지 않으면 버티기 힘 들다.

인성은 면접에서 어느 정도 걸러진다. 노련한 면접관들은 지원자의 걸 음걸이부터 표정, 첫인상, 태도, 답변 내용을 보고 승무원으로 적합한지 판별해 낸다. 주로 승무원 경력이 10년쯤 되는 실무자가 지원자의 이미 지가 맞는지를 확인하고 적성과 인성을 중점적으로 본다.

"지원자의 자질이 헷갈리면 면접관들은 당황스러운 질문을 던진 뒤 지원자의 태도를 보고 부적격자를 가려냅니다.

인상이 가장 중요합니다. 하지만 면접 당일 하루만 웃고 있다고 해서 는 어색함이 보이고, 긴장된 상황에서는 더 어색해집니다. 따라서 평상시 긍정적인 마음을 갖고 자주 웃는 습관을 들여야죠."

승무원 시험을 통과해 입사한 뒤에도 1년 동안 인턴을 거치면서 인성 과 적성을 검증받는다. 기수당 50명을 뽑았다면 두세 명은 인턴을 거치 며 탈락한다. 인턴 승무원은 인턴을 마친 뒤 기내 선배들의 평가와 임원 면접을 통해 최종 합격 여부가 결정된다.

대학 전공은 중요하지 않다. 항공사별로 차이가 있지만 대부분 학력 은 국제선과 국내선 구별 없이 2년제 대학 이상 졸업자면 지원이 가능하 다. 다만 전문 대학이나 대학교의 항공 운항과, 항공 서비스과, 스튜어디 스과 등 출신자들이 많이 지원한다.

"대학 전공은 중요하지 않습니다. 실제 다양한 출신들이 입사하고 있어요. 개인적인 생각이지만 대학 시절 다양한 공부를 한 뒤 승무원이 되는 것이 좋은 것 같습니다."

또 사설 학원에 다닌 경험은 승무원 채용에서는 별 도움이 되지 않는다고 한다.

"합격자들 중에는 입시 학원 출신이 많지 않습니다. 사람을 뽑을 때 단순한 매너와 이미지보다는 인성과 기본 자질을 중요하게 보기 때문이죠. 서비스 매너도 오히려 잘못 고착되면 고치기가 더욱 어려워 별로 권하고 싶지 않습니다. 다만 주요 항공사들이 일반인을 대상으로 운영하는 예비 승무원 단기 체험 교실이 있습니다. 현직 승무원들이 직접 교육하고 적성을 확인할 수 있어 권하는 편입니다."

조승자 씨는 승무원이자 교관이다. 따라서 업무 시간의 절반은 비행을 하고 절반은 교관으로 활동한다. 그녀는 국제선의 비즈니스와 일등석 담당이다.

비행을 할 경우 객실 승무원들은 이륙 3시간 30분 전에 출근해서 비행 2시간 10분 전에 비행 관련 브리핑을 한다. 브리핑에서는 비행기 관련 정보를 확인하고 예약 손님 수와 노선의 특성, 세관 정보 등도 교환하고 확인한다.

비행하는 동안에 승무원들은 승객들을 위해 안전을 챙기고 서비스를 제공한다. 기내 안전 교육을 실시하고, 비상 상황에서 안전 조치를 취하기도 한다. 또 승객들에게 식음료를 제공하고 영화 상영과 면세품 판매,

입국 수속 서류 준비 등과 같은 서비스를 한다.

객실 승무원들은 모두 같은 일을 하는 것처럼 보이지만 실제로 승무원들은 비행기 안에서 업무 영역이 나뉘어져 있다. 승무원은 선발할 때부터 국제선과 국내선 담당을 분리해서 뽑는다. 맨처음 입사하면 일반석에서 3~4년 동안 일하고, 비즈니스석에서 3~4년 일하고 다시 일등석에서 3~4년 동안 일하고 나면, 마지막으로 일반석 매니저가 된다.

일등석에 배치되어도 객실에서 직접 서비스하는 시니어와 주니어 승무원(처음 일등석에 배치된 사람은 주니어, 매니저인 격인 선배는 시니어라고 부른다.)이 있고 뒤에서 음식 준비만 담당하는 승무원도 있다. 장거리 노선은 벙크(2층 침대)가 있어 승무원들이 쉴 수 있는데 절반씩 교대로 서너 시간씩 쉴 수 있다.

고품격 서비스를 하면서 배운다

"한번은 새해 첫날 미국행 비행기에 올랐는데 손님들이 저에게도 새해 복 많이 받으라고 덕담을 건네고 저희 덕분에 잘 왔다고 감사를 표하셨던 적이 있어요. 직업인으로서 가장 큰 보람은 손님들의 진심 어린 감사 인사 한마디를 들을 때입니다."

이 직업의 장점으로 그녀는 서비스하며 배우는 것을 꼽았다.

"다양한 사람들로부터 많은 것을 배울 수 있습니다. 고객에게 서비스만 하는 것이 아니라 대화하면서 배우는 것도 많지요. 다양한 언어와 문화도 배울 수 있습니다. 외국어의 경우 노력하기에 따라 배우기가 쉽죠. 장기 국제 노선의 경우 현지 승무원이 한 명 이상 탑승하기 때문입니다."

복지도 잘 되어 있다. 여성 승무원의 경우 임신 후 2년 정도 출산 휴가를 사용할 수 있다. 임신한 승무원들이 자주 비행을 하면 유산 위험이 있고 근무하기도 힘들어 비행을 하지 않기 때문이다. 평소에도 장거리 해외 노선을 비행하면 의무적으로 1~2일 정도 휴식을 취하고 자유 시간도 갖는다. 이때 해외에서 여행도 하고 활용하기에 따라 많은 것을 배울 수 있다. 승무원은 해외에서 비행을 한 뒤 휴식할 경우 특급 호텔 1인실에서 쉴 수 있다. 이밖에 여행갈 때 가족들이 항공료 할인을 받을 수도 있다.

물론 단점도 있다.

"무엇보다 가족들과 떨어져 일하는 시간이 많고 매일 퇴근할 수 없는 직업이라는 것이 단점입니다. 또 휴가철이나 공휴일, 여름 성수기 등 남들이 쉴 때는 더 바쁘죠. 지상과 다른 근무 환경, 밀폐된 공간도 단점입니다. 기내 공기는 건조하고 압력이 낮기 때문입니다. 육체적으로 무거운 것을 많이 들어야 하기 때문에 제대로 관리를 못하면 어깨나 허리가 아플 수도 있습니다."

서비스직의 특성상 스트레스도 많다. 조승자 씨는 승무원은 화려해 보이지만 투철한 직업의식이 없이는 하기 힘든 직업이라는 점을 강조했다.

"단순히 여행을 좋아해 승무원을 시작했다면 버티기 힘들어요. 면접에 참가한 지원자가 '여행이 좋아서 승무원에 지원했다.'고 말하면 좋은 점수를 얻기 힘듭니다. 여행은 부가적인 일이지 주된 일이 아니기 때문이죠. 승무원의 업무는 기내 안전을 챙기고 서비스를 제공하는 것입니다. 승객들도 좋은 사람만 있는 것이 아닙니다. 손님이 불평하거나 작은 기기가 고장 나거나 식사가 떨어지거나 하면 밀폐된 공간에서 승무원이 모두 처리해야 합니다. 승무원은 한마디로 하늘의 슈퍼우먼이죠. 그래서 그런지 아무리 아파도 비행기만 타면 힘이 생깁니다. 유니폼을 벗고 나면 골골해지고 피곤해지는데 유니폼만 입으면 프로답게 잘하고 싶어 최선을 다하죠."

역할 모델이 있는지 물었다.

"대한 항공의 이택금 전 상무는 여성 승무원으로 최고위직에 올라 주목받은 분입니다. 이 전 상무는 33년 동안 2만여 시간, 만 3년을 비행기 안에서만 생활해 여승무원 사상 최장 비행 기록을 세웠고, 첫 여성 과장과 여성 수석 사무장, 여성 부장과 여성 이사 등을 달며 '여성 최초' 기록을 다섯 개나 가진 승무원계의 전설이죠.

또 승무원을 하면서 계속 공부해 대학 교수가 되신 분들도 있어요. 하지만 승무원직 자체도 여러 가지를 배울 수 있어 적성에 맞다면 해 볼 만한 직업이라고 봅니다."

그녀가 생각하는 서비스 정신은 따뜻한 마음과 습관이다.

"사람을 좋아하고 마음이 따뜻해야 진심 어린 서비스가 나옵니다. 평소 긍정적인 마음으로 남을 배려하려고 노력하세요. 남을 돕는 데서 보람을 찾는다면 승무원은 가치 있는 직업입니다."

조승자 씨는 처음에는 별다른 준비 없이도 정말 운 좋게 승무원이 됐다. 하지만 노련한 면접관들은 그녀를 제대로 뽑았다.

그녀는 기본적으로 긍정적이고, 사람 만나기를 좋아하고, 다른 문화에 대한 관심이 많았다. 남을 배려하는 태도는 승무원이 된 뒤 완벽해졌다 하더라도 따뜻한 마음과 긍정적인 성격은 하루아침에 생기는 것이 아니기에 면접관들이 놓쳤을 리 없었을 것이다.

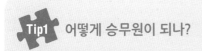 **Tip1 어떻게 승무원이 되나?**

승무원이 되려면 항공사가 실시하는 공채 시험에 합격해야 한다. 서류 전형, 실무자 면접, 체력 테스트, 임원 면접, 영어 테스트, 최종 신체검사순으로 선발한다. 입사 후에도 인턴 과정을 거쳐 '적합' 판정을 받아야 최종 합격할 수 있다.

❶ 서류 전형

학력은 2년제 대학 이상이고 전공은 제한을 두지 않는다. 서류 전형은 학교 성적과 자기소개서, 토익 성적 등 일반 기업체 서류 전형과 유사하다. 다만 첨부하는 사진은 이미지를 보고 걸러내기.때문에 중요하다. 어학은 공인 영어 성적으로 대체하는데 고득점 지원자도 많다.

❷ 실무 면접과 임원 면접

면접은 두 차례 진행된다. 1차에서는 승무원 경력이 10년쯤 되는 실무자가 태도와 표정, 인상을 보고 판단한다. 2차 임원 면접에서는 적성과 인성을 많이 본다. 최근 이슈가 되는 쟁점이나 지원하는 회사의 성향 등에 대해 준비해야 하고 영어로 자기소개를 하고 간단한 질문에 답할 수 있어야 한다.

❸ 체력 테스트

수영과 윗몸 일으키기, 유연성 테스트, 악력 테스트 등을 한다. 악력 테스트를 하는 이유는 손에 힘이 있어야 음료수를 건넬 수 있기 때문이다. 선반에 손이 닿아야 하고 무거운 것도 잘 들어야 한다. 수영 실력은 비행기가 바다에 비상 착수했을 때 안전하게 대피하기 위해 필요하다.

❹ 영어 테스트

뛰어나게 잘할 필요는 없지만 외국인 손님과 대화할 정도의 기본적인 회화 실력을 요구한다.

❺ 인턴

입사 후에는 인턴 기간을 두고 살펴본 뒤 최종 합격시킨다. 손님이 요구 사항을 말하기 전에 파악하고 남을 배려하는 서비스 정신이 필요하다. 좁은 비행기 내에서 생활하기 때문에 동료들과 마찰을 빚거나 하면 탈락된다.

 연봉은?

한국직업능력개발원의 '산업 직업별 고용 구조 조사'에 의하면 항공기 객실 승무원 수는
9,454명이며, 전체 가운데 여성은 95.2퍼센트이다. 학력별로는 대졸이 72.4퍼센트, 전
문대졸이 19.1퍼센트이다. 승무원의 전체 월 평균 임금은 323만 원으로 조사됐다.

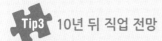 10년 뒤 직업 전망

생활 수준의 향상과 주 5일 근무제 확산으로 국내외 여행객이 급증하고 있다. 이에 맞춰
각 항공사들도 노선을 증편하고 있어 향후 10년간 객실 승무원에 대한 고용도 다소 늘어
날 전망이다. 하지만 선발 과정에서 학력 기준이 2년제 대학 이상으로 낮춰지고 키 제
한이 사라진 점은 주목할 부분이다.(과거 국내 항공사들의 객실 승무원 선발 기준은 국제선
은 4년제 대학 이상, 국내선은 2년제 대학 이상이었다. 키도 여성의 경우 165센티미터 이상으로
제한했지만 현재는 이와 같은 제한이 없어진 곳도 있다.) 즉 전반적으로 승무원에 대한 자격
요건이 낮춰지면서 채용 경쟁은 더 심화될 수 있고, 근무 여건에는 큰 변화가 없을 전망
이다.

작품과 관객을 이어 주는
전시 연출가 이야기

큐레이터 감윤조

1962년 경남 창원에서 태어나 중앙대학교 미술 대학 서양학과를
졸업했다. 중앙대학교 미술 대학원에서 석사를, 홍익대학교에서
박사 과정을 수료했다. 1989년부터 '예술의 전당' 큐레이터로 재
직 중이다.

화가는 그림 그리는 것 이외에는 관심이 없어야 하는데

저는 세상에 대한 호기심이 너무 컸어요.

그래서 찾다 보니 큐레이터라는 직업이 있었죠.

— 큐레이터 감윤조

예술적 아름다움을 추구하는 미술관이 직장이고, 부유하지 않으면 사기 힘든 고가의 미술품을 접하는 직업이니 큐레이터의 일상도 화려할 것이라는 게 일반인들의 생각이다. 하지만 큐레이터들은 실제 업무와 현장은 겉보기와 많이 다르다고 한다.

미술 전시를 뮤지컬 공연에 비유해 보면 큐레이터는 어떤 역할일까. 큐레이터는 무대 위에서 공연하는 배우가 아니다. 화려한 무대를 연출하는 기획자인 동시에, 무거운 짐을 나르며 무대를 정돈하는 스태프이자, 극장 입구에서 사람들을 불러 모으는 홍보 담당자이기도 하다. 장르가 미술(또는 고고학)로 바뀌고 무대가 전시실로 바뀌었을 뿐 현장을 뛰어다니며 준비하는 역할이 그들의 몫이다. '좋은 작품을 발굴해 내는 창조적 전시 기획자'라는 큐레이터를 만났다.

한 사람의 인생을 바꾼 전시회를 기획하다

2009년 여름 예술의 전당 한가람 미술관에 편지 한 통이 배달된다. 보낸 곳은 교도소. 재소자라고 자신을 소개한 사람은 "미술관의 전시회 소식을 신문에서 봤는데 직접 관람하고 싶지만 사정상 그럴 수 없으니 도록을 하나 보내 주시면 고맙겠다."고 했다. 편지지 속에는 사용하지 않은 새 우표 한 장도 들어 있어 답장을 바라는 간절한 느낌이 담당 큐레이터에게 전해졌다. 전시를 기획한 큐레이터는 도록을 보내 주었고, 그 재소자로부터 두 번째 편지가 왔다.

"도록을 보내 주셔서 너무 고맙습니다. 전시된 작품들이 인상적입니다. 현대 미술은 어려운 줄만 알았는데 이렇게 재미있는 줄 몰랐어요. 같이 있는 분들과 함께 보면서 이곳의 삭막한 분위기가 달라졌습니다."

큐레이터도 다시 답장을 보냈다.

"그림에 대한 관심이 많으신 분이시군요. 제가 아는 작가 가운데도 교도소에서 그림을 그린 분이 계신데 무엇을 하시든 앞으로 좋은 결과 있기를 바랍니다."

몇 달 뒤 그 재소자로부터 또다시 편지가 왔다.

"깊이 감사드립니다. 제가 비록 실수로 현재는 이곳에 있지만 큰 용기를 얻었습니다. 나가면 그림을 한번 제대로 공부해 보고 싶습니다."

그 전시회는 그해 「미술과 놀이(Art & Play)」 기획 전시였던 '아트 인 슈퍼스타(Art in Super Star)'전으로 메릴린 먼로와 오드리 헵번, 제임스 딘 등 대중 스타를 패러디한 작품과 루이뷔통, 샤넬 등 명품을 풍자한 조형

물들을 모은 전시회이다. 이 전시회를 기획한 사람이 이제부터 소개할 감윤조 큐레이터이다.

"그 재소자의 편지를 받고서 한 전시회가 '한 사람의 인생을 바꿔 놓을 수 있겠구나.' 하고 생각하게 됐죠. 한 사람의 기획자가 세상을 바꿀 수 있다는 신념도 굳어졌습니다."

"큐레이터가 되려고 지원했습니다."

1989년 예술의 전당 전시 기획 요원 공개 채용 시험에서는 네 명을 뽑는 시험에 200여 명이 몰렸고 그중 한 지원자의 자기소개서가 면접관의 눈길을 끌었다.

그가 신청서에 쓴 지원 분야는 '큐레이터'였다. 모집 공고에 그런 직종은 없었다.

"전시 기획 요원을 뽑는데 지원 분야를 큐레이터라고 적은 이유가 있나요?"

"저는 큐레이터를 뽑는다고 여겼기 때문입니다. 큐레이터는 단순히 작품들을 모아 벽에 거는 기획에 그치지 않고 전시회 자체를 하나의 예술 작품으로 만들고 콘텐츠를 통해 세상을 바꿀 수 있다고 생각합니다. 저는 좀 더 전문적인 전시 기획을 하고 싶습니다."

그 지원자는 미술 대학과 미술 대학원을 다녔고, 대한민국 미술 대전에 2회 연속 입선했을 정도로 이론과 실기를 겸비하고 있었다. 게다가 영어 실력도 탁월했다. '큐레이터' 직을 지원한다고 강조한 감윤조 씨는 이날 시험에서 50대 1의 경쟁을 뚫고 합격해 예술의 전당 1호 큐레이터가 됐다.

"당시만 해도 큐레이터라는 직업은 생소하고, 호칭 자체도 없었습니다. '전시 기획 요원'을 채용한다는 신문 공고를 보고 책에서 본 적이 있는 '큐레이터'를 뜻하는구나 싶어 지원서에 '큐레이터 지원'이라고 바꿔 적었죠. 덕분에 면접관의 눈길을 끌 수 있었습니다."

현재는 전국적으로 활동하는 큐레이터가 수백 명으로 늘었지만 이 직업의 역사는 30년이 채 되지 않는다. 우리나라에서 미술관이 건립된 것은 경제 개발이 본격화되고 서울 올림픽이 개최되던 1980년대 후반이기 때문이다. 1986년 과천의 국립 현대 미술관이 처음 학예 연구실을 두면서 사실상 큐레이터 업무가 시작됐고, 뒤이어 1988년에 예술의 전당도 개관했다. 감윤조 큐레이터는 예술의 전당에서 20년 넘게 큐레이터 일을 하고 있다.

일과 놀이가 구분이 없는 업무

감윤조 씨의 꿈은 화가였다. 초등학교 때 중학생이었던 형의 친구가 풍경화를 그리는 것을 보고 감동을 받고 난 뒤부터였다.

"머리를 한 대 얻어맞은 듯했죠. 화가 지망생인 그 형이 멋있게 보여 따라 그렸는데 그림 그리는 것이 재미있었습니다."

하지만 체계적인 미술 수업은 받지 않다가 고등학교 때 미술 대학 진학을 위해 본격적으로 입시 학원에서 미술을 배웠다.

열심히 노력한 덕분에 미술 대학 서양학과에 입학했다. 대한민국 미술 대전 2회 입선과 중앙 미술 대전 입선, 창작 미술 협회 공모전 특선 등을 수상하며 어느 정도 화가로서 실력도 인정받았다. 하지만 작품보다 세상에 대한 호기심이 더 컸다.

"화가는 그림 그리는 것 이외에는 관심이 없어야 하는데 저는 세상에 대한 호기심이 너무 컸어요. 세상에 대한 호기심이 큐레이터의 길을 걷게 만든 첫 단추였습니다. 저는 뭐든지 그냥 넘어가지 않고 의문을 가졌죠. 대학 시절 극사실주의(hyperrealism)가 유행하면 예술인들이 왜 한 패턴으로 그림을 그리고, 세상이 왜 이 패턴에 주목하는지 궁금해졌죠. 전공 수업을 통해 '큐레이터'라는 직업을 알게 됐어요. 실기도 공부했지만 미술사 등 이론에 더욱 빠져들었죠."

그는 '지적 호기심' 때문에 대학원에도 진학해 공부했다. 큐레이터가 되기 전에는 고등학교에서 한 학기 동안 미술 교사로 교편을 잡기도 했다.

"큐레이터는 작품에 대한 열정에서는 작가와 흡사하지만 관객들과 작가를 연결해 주는 사람입니다."

감윤조 큐레이터가 2003년 시작한 「미술과 놀이」전은 한 해도 거르지 않고 이어지면서 예술의 전당 대표 기획전이 됐다. 2010년에는 '생각의 젊음'이 주제가 돼, 기성 작가와 이제 막 대학을 졸업한 젊은 작가들이 함께 참여했다. 카세트테이프로 손뜨개질을 해서 만든 옷과 부츠, 스크린에 스테이플러를 찍어서 만든 5미터 크기의 하마, 55인치 대형 벽걸이 텔레비전 다섯 개를 세워 놓고 천장에서부터 폭포가 떨어지는 동영상을 보여 주는 작품 등이 전시됐다.

"미술과 놀이전은 '현대 미술은 난해하다.'는 편견을 깨려는 시도였습니다. 관객들은 결과물인 작품만 접하니까 무조건 이해해야 한다는 강박 관념이 크죠. '미술가가 즐겁지 않으면 어떻게 작업하겠는가.'라는 작가들의 작업 태도에 관객들이 관심을 갖도록 했어요. 놀이하듯이 작품을 제작하는 작가들만 섭외해 작품도 즐겁다는 것을 보여 주려고 시도했더니 관객들이 먼저 다가왔죠."

현대 미술 전시회는 관객이 하루 100명만 오더라도 성공이라는데 이 전시회에는 하루 2000~3000명, 한달 동안 7만 명의 관객이 방문해 8년 동안 누적 관객 수가 50만 명에 이른다.

큐레이터는 우리말로 학예 연구가인데 한마디로 전시를 기획하는 총책임자이다. 미술관이나 박물관에서 관람객을 위해 전시를 기획하고 작가를 섭외하고, 작품 설치를 감독하고, 전시회를 언론에 홍보하고, 전시회 반응을 모니터하고, 평가서를 써내고 예산을 집행하는 업무까지 모두 맡는다.

"우리나라는 한 명의 큐레이터가 하나부터 열까지 다 챙기는 시스템입니다. 그래서 큐레이터 업무의 대부분은 전시 기획이지만 홍보와 예산 집행 등도 모두 챙겨야 합니다."

감윤조 큐레이터가 일하는 예술의 전당 내 한가람 미술관에는 세 명의 큐레이터가 있는데 한 명이 1년에 두 개의 대형 기획전을 전담하고 한두 개의 소형 기획전을 추가로 맡는다. 전시회 준비 기간은 평균 1년 정도 걸린다. 전시 시행은 5개월이면 충분하지만 구상과 섭외에 시간이 걸리기 때문에 큐레이터는 1~2년 전부터 기획전을 준비한다.

인터뷰 당시 감윤조 큐레이터는 한 해 동안 「미술과 놀이」전 외에도 다문화를 주제로 한 「레인보우 아시아」전 등 다섯 개의 크고 작은 전시회를 기획해 관객들에게 선보였다. 1~2년 뒤의 전시회도 구상하고 있는 중이었다.

큐레이터는 전시 기간이 아니어도 한가하지 않다. 여러 가지 일을 동시에 입체적으로 처리해야 한다. 평소에는 미술계의 흐름을 파악하고 작가를 발굴하고 전시회 준비를 한다. 지나간 전시회는 예산을 정산하고 모니터링해 최종 보고서를 써낸다.

"출근하면 가장 먼저 이메일을 열어 답할 내용이 있는지 확인합니다. 또 작가들과 각 언론사에 얼마 뒤 있을 전시회 홍보 우편물을 보내고 작품 흐름을 확인하기 위해 갤러리들을 방문합니다. 때로는 작가 작업실을 직접 방문해 작품을 확인하기도 합니다."

근무 시간은 정해져 있지만 하루 몇 시간 일하는가는 중요하지 않다. 사무실 밖에서도 작가들을 만나고, 집에 가서도 전시와 관련된 글을 쓰기 때문이다.

"큐레이터의 업무는 '일과 놀이가 구분이 없는 상태'로 볼 수 있어요. 누가 시켜서가 아니라 본인이 즐거워야 하는 거고, 하다 보면 부족한 점이 보이고 지적 갈증이 생깁니다. 공부를 계속하지 않으면 이 일은 하기 어려워요."

그가 계속 공부하는 이유는 작품을 보는 눈을 키우기 위해서다. '좋은 작품을 보는 눈'이 큐레이터에게 필요한 첫 번째 자질이기 때문이다.

"이론과 실제는 다릅니다. 공부만 한다고 되는 것이 아니라 현장 감각이 있어야 합니다. 좋은 작품을 보는 눈이 가장 중요합니다. 사실 작가들 사이의 실력 차는 아주 적지만 작은 차이가 선택을 가릅니다. 그 차이를 보는 눈, 판단력이 뛰어나야 훌륭한 큐레이터라고 할 수 있죠."

둘째, 큐레이터는 친화력과 원만한 대인 관계도 필요하다. 안목이 아무리 뛰어나도 작가 입장에서는 큐레이터를 신뢰하지 않으면 전시회에 출품하지 않으려고 하기 때문이다. 내부적으로는 스태프들을 움직여 다양한 일을 처리해야 하기 때문에 대인 관계는 이래저래 중요하다.

셋째, 언어 구사력과 표현력도 필요하다. 한 번도 전시되지 않은 신작 전시를 기획해 미술관의 예산을 따내기 위해서는 설득력이 있어야 하고, 인상적인 글로 전시회를 제대로 홍보해야 관객들이 모이기 때문이다. 영화에 비유하면 영화 감독이 영화를 만드는 것 못지않게 예산을 지원해 줄 투자자를 모으고, 홍보와 마케팅도 잘해야 하는데 큐레이터는 이런 일을 혼자서 하는 셈이다.

넷째, 영어 실력도 필요하다. 전시회 기획은 세계적 흐름을 알아야 하고 국제적으로 업무를 처리할 일이 많기 때문이다. 외국 전시를 섭외하고 홍보를 하려면 독해와 작문, 말하기 실력이 모두 필요하다.

마지막으로 인문학적인 소양이 있어야 한다. 미술은 미술 자체로 해석하려면 한계가 있다. 인문학과 사회학 등과 연계돼 있고 사회 현실과도 연결돼 있다. 사회와 분리된 기획은 생각할 수 없기에 다방면의 서적을 읽고 끊임없이 공부해야 한다.

기회는 준비된 사람에게만 온다

큐레이터직의 장점을 물었다.

"이만큼 창조적인 직업도 드물 것 않습니다. 저의 경우는 같은 일을 반복하는 직업이 어쩌면 더 힘들 것 같아요. 우리는 항상 다른 방향으로 전시회를 구상하고 끊임없이 창조성을 요구하죠."

계속 배울 수 있다는 것도 장점이다. 큐레이터는 업무상 여러 사람을 만날 수 있는데 주로 작가들과 미술에 관심 있는 다양한 관객들을 만나면서 지식을 나눌 수 있다. 전문성이 높아지면 전시회를 기획하는 것뿐 아니라 작가들을 비평하고 강의하는 것도 가능하다. 감윤조 큐레이터도 여러 언론과 인터넷 등에 작품평과 미술 흐름을 이야기하는 글을 자주 쓰고 있다.

또 큐레이터의 업무는 문화 예술과 관련된 일로 그 자체로 가치와 의미가 있다.

"아무리 잘살아도 '문화 예술'이 없는 나라는 선진국으로 불릴 수 없습니다. 문화 예술이 있어야 정말 존경받는 나라가 됩니다. 한편으로 사회가 잘살게 되면 자연스레 문화 예술에 관심을 갖게 됩니다. 생산성만 놓고 보면 공장을 가동해 물건을 생산하고 부동산을 개발해 돈을 많이 벌 수 있겠죠. 하지만 큐레이터는 전시를 통해 세상의 콘텐츠를 바꿀 수 있습니다."

가장 큰 보람을 느끼는 순간은 힘들게 준비한 전시가 성공적으로 끝날 때이다.

"많은 관객들이 전시회를 보고 감동을 받고 재미를 느끼는 것도 기쁘고 조명을 못 받던 작가가 전시회를 통해 빛을 보게 될 때 보람을 느낍니다.”

좋은 작가를 발굴하기 위해 출장도 자주 간다. 한번은 관심이 가는 젊은 작가의 작품을 보기 위해 남해도까지 가서 작가를 섭외했는데 그 작가는 이 열성 큐레이터와의 만남을 계기로 여러 곳에서 전시 요청을 받으며 주목받는 작가가 됐다.

큐레이터라는 직업의 단점은 무엇일까?

가장 큰 단점은 되기 어렵다는 것이다. 미술관들이 큐레이터를 많이 뽑지 않아 자리가 많지 않기 때문이다. 국공립 기관과 대기업 갤러리, 사설 갤러리 등 다양한 전시관에서 큐레이터를 뽑지만 상시 채용보다는 필요할 때마다 특별 채용하는 경우가 많다. 학예사 자격증이 있으면 유리하지만 자격증이 있다고 큐레이터가 되는 것이 아니고 개인이 미술관에 지원해 합격해야 한다.

“미술관 등에서 인턴십을 쌓기를 권합니다. 경험도 되지만 인맥도 쌓을 수 있어요. 큐레이터는 공개 채용도 있지만 특별 채용과 비공개 채용이 많아 예술계 인사들로부터 적임자를 추천받는 경우가 많기 때문에 인맥 관리가 중요합니다.”

큐레이터는 채용 자체가 많지 않아 되기가 쉽지 않지만 큐레이터에서 파생된 직업도 많다. 미술 경매를 중계하는 직업도 있고, 작품과 미술관을 연결해 주는 에이전시 직원도 있다. 최근에 생겨난 새로운 직종으로 미술 교육을 전담하는 에듀케이터가 있다. 미술관이나 박물관이 수익을 위해 교육 기능을 강조하면서 전문적으로 교육 프로그램을 만드는 에듀

케이터를 선발하고 있다.

또 큐레이터는 소속된 박물관이나 갤러리에 따라 업무와 연봉이 천차만별이고 직업적 안정성이 낮다. 공공 기관이나 대기업이 운영하는 갤러리는 큐레이터의 연봉이 높고 업무를 통해 전문성을 높일 수 있다. 반면 사설 기관이나 개인이 운영하는 소규모 갤러리는 연봉이 낮고 업무도 기획보다는 단순 전시에 그치는 경우가 많다. 또 일부 기관은 계약직 형태로 큐레이터를 채용해 고용 안정성이 낮다.

대부분 큐레이터가 석사 이상으로 고학력이 요구되고 미술계의 흐름을 놓치지 않기 위해 계속 공부해야 하는 점도 단점이다.

"미대에 들어온 후배에게 '적성이 맞으면 모든 것을 그림 그리는 데 집중하라.'고 하죠. 하지만 현실적으로 미대 입학생 50명 중 작가는 한 명 정도 나올까 말까 하고 나머지 49명은 전공과 관계없는 분야에서 일하는 경우가 많더군요.

그래서 저는 처음부터 후배들에게 전공 영역 안에서 잘하는 것을 찾아보라고 말해요. 인턴십을 통해 경험해 보는 것도 좋아요. 순수 미술을 하더라도 사회적 흐름에 맞춰 창작 활동을 할 수 있고 이후 취업하게 돼도 다양한 경험이 큰 도움이 되죠. 큐레이터도 좋고 에이전트와 미술 편집, 미술관에서 미술 교육을 전담하는 에듀케이터 등 전문성을 살리는 방안을 넓게 찾아보세요. 큐레이터라는 직업이 없었던 1980년대에 제가 처음 시작했던 것처럼 미래에는 우리가 상상할 수 없는 직업이 많아질 것 같습니다. 하지만 무엇이든 준비된 사람에게만 기회가 옵니다. 세상을 다르게 볼 줄 알고 창조성이 있는 사람은 언제나 필요하고 할 일이 많을 것 같아요."

감윤조 큐레이터는 세상에 대한 호기심이 남달랐기에 화가가 아니라 큐레이터라는 꼭 맞는 직업을 찾을 수 있었다. 그의 경우처럼 큐레이터가 되는 입문 단계에서는 '누가 더 준비돼 있느냐'가 당락을 가른다. 그리고 큐레이터가 된 뒤 실력 차는 누가 더 맡은 바 일에 몰입하느냐에 달려 있다.

Tip1 어떻게 큐레이터가 되나?

큐레이터는 크게 박물관과 미술관 담당으로 나뉜다. 큐레이터가 되기 위해서는 대학교 및 대학원에서 고고학, 사학, 순수 미술, 미술사학, 예술학, 민속학, 인류학 등을 전공하는 것이 일반적이며, 보통 석사 이상의 학력이 요구된다. 일부 대학 및 대학원에서도 큐레이터학과, 예술경영학과, 박물관학과, 미술관학과, 문화관리학과 등이 개설되어 있어서 전문 교육을 받을 수 있다. '전통 박물관 큐레이터'는 옛 유적을 조사하고 유물을 수집하며 훼손된 문화재를 복구하고 감정, 보관하는 역할을 중시하고 '미술관 큐레이터'는 미술과 관련된 전시를 기획해 작품을 설치하는 등의 업무를 총괄한다.

관련 자격증으로는 국립중앙박물관에서 시행하는 정학예사(1, 2, 3급)와 준학예사가 있으며, 취득 시 취업에 유리하다. 하지만 지원자가 개별 미술관이나 박물관에 지원해 합격해야 한다. 큐레이터 채용 과정은 정해진 것은 없다. 대개 서류 심사와 면접을 보고 공인된 영어 점수를 요구한다. 예술의 전당의 경우 필기시험도 치는데 미술사 등 전공과 영어, 논술 등을 보지만 채용 과정은 조금씩 변해 왔다. 그래서 인턴십 경험과 인맥이 중요하다.

관련 기관: 문화체육관광부(www.mcst.go.kr), 국립중앙박물관(www.museum.go.kr), 국립현대미술관(www.moca.go.kr), 한국박물관협회(www.museum.or.kr)

Tip2 큐레이터가 전시 기획하는 순서

❶ **전시 기획**-전시회 제목과 참여할 작가와 전시 날짜를 결정한다.(전시 개막일로부터 6개월~1년 전)

❷ **작가 섭외**-전화 혹은 직접 만나 섭외한다.(몇 달 전)

❸ **홍보물 준비**-작품 이미지를 디자인 업체에 전달해 포스터와 팸플릿, 현수막, 초대장 등 전시 홍보물을 만든다.(한 달 전)

❹ **전시회 홍보**-보도 자료를 만들어 언론사와 기자들에게 보내고 홍보물을 미술 대학과

관객 등 관계자들에게도 보낸다.(2~3주 전)

❺ **작품 설치**–작품을 벽에 걸고 조명을 설치하고 때론 전시실 인테리어도 바꾼다. 설치는 일주일가량 걸린다.(일주일 전)

❻ **전시회 모니터링과 평가**–전시회가 열리면 관객들의 반응을 확인해 평가 보고서를 작성한다.(한 달 이내)

❼ **예산 정산**–전시회에 들어간 예산을 정산한다.(한 달 이내)

연봉은?

한국직업능력개발원의 '산업 직업별 고용 구조 조사'에 의하면, 큐레이터와 문화재 보존원은 2,308명이며, 이 가운데 여성은 29.3퍼센트를 차지하고 있다. 학력은 석사 이상이 39.6퍼센트, 대졸이 34.7퍼센트로 나타났으며 정부가 조사한 이들의 공식적인 월 평균 임금은 201만 원이다.

미술관과 박물관의 규모에 따라 큐레이터의 월급 차이는 크다. 현직 큐레이터들에 따르면 소형 갤러리의 월급은 100~150만 원 수준이고, 중간 규모 갤러리는 200~300만 원, 대형 미술관은 500만 원 이상 등으로 차이가 크다.

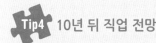

10년 뒤 직업 전망

문화 예술에 대한 사람들의 관심이 증가하고 교과 과정에서 학생들의 체험 활동 영역이 강조되면서 전시도 대형화, 다양화되고 있다. 또한 지방 자치 단체의 활성화로 지역 특성에 맞는 박물관이나 특색 있는 전문 박물관도 늘어나고 있다. 따라서 큐레이터에 대한 수요도 늘어나 고용도 다소 증가할 전망이다.

다만 소속 기관의 규모에 따라 대우는 크게 다를 것으로 보인다.

꼼꼼함은 안전 운항의 다른 말,
30년 무사고 운항의 자부심

조종사 맹명호

1947년 충남 조치원에서 태어나 한국항공대학교 운항과를 졸업
했다. 1978년 대한 항공에 입사해 현재 대한 항공 수석 기장으로
재직 중이다.

조종은 제대로 하려 하면 끝이 없어요.

태운 손님 400명의 생명과 그 가족들까지 책임지는 직업이 바로 조종사입니다.

— 조종사 맹명호

"18,000피트로 올라가면 압력이 절반으로 떨어져요. 기내 환경은 법적으로 8,000피트 이상의 기압을 유지하도록 돼 있어요. 통상 기내 압력을 5,000~6,000피트로 유지합니다. 이 정도면 한라산 정상 부근의 압력입니다. 또 기내는 건조합니다. 왜 그러냐 하면……."

'조종사의 자질'에 대해 묻자 맹명호 수석 기장은 마치 물리 교사처럼 대기압에 대해 설명했다. 그는 "조종사는 신체적으로 건강해야 한다. 기내 환경은 지상과 달리 나빠서 건조하고 압력이 낮기 때문이다."라고 설명하더니 왜 압력이 낮은지에 대해서만 10분 동안 설명했다.

조종사가 '하는 일'에 대해 물었을 때도 맹명호 수석 기장은 자신의 한 달 비행 일정표와 달력, 관련 법 조항을 보여 주며 관련법상 비행은 얼마 동안만 할 수 있고 조종사는 한 달 가운데 며칠 이상 쉬어야 한다며 길게 설명했다.

맹명호 조종사는 인터뷰를 하는 동안 꼼꼼함과 철저함이 얼마나 생활화돼 있는지 보여 주었다. 인터뷰를 할수록 그의 '철저함'은 '안전 운항'의 다른 말임을 알게 됐다. 반평생 조종사로 일하며 가장 보람된 일이 무엇인지 물었다.

"특별히 기억나는 일이 없습니다. 그저 승객들을 쾌적하고 편안하게 모시는 역할이 우리 일이죠. 군이 말하자면 32년 동안 별 사고 없이 무난히 운항을 한 것이 자부심이죠."

조종사들은 한 달에 평균 여든세 시간 비행을 하는데, 정부가 조사한 조종사의 공식적 평균 월급은 690만 원이다. 비행시간당 수입으로 단순화시켜서 생각해 보면 꽤 고소득이다.

하지만 이 같은 단순화에는 심각한 오류가 있다. 당연한 말이지만 조종사들이 하는 일은 비행기 안에서만 머무르며 일하는 '비행'이 전부가 아니기 때문이다.

맹명호 조종사는 항공대학교를 졸업한 뒤 1978년 항공사에 입사해 32년째 조종사로 일하고 있다. 부기장, 기장, 선임 기장, 수석 기장순으로 승진해 현재 최고 명예인 수석 기장으로 일하고 있다.

30년 남짓 그가 직접 항공기를 몰고 세계를 누빈 시간은 2만여 시간으로 2년 반을 꼬박 공중에서 산 셈이고, 지구를 455바퀴나 돌았다. 이

거리는 지구에서 달까지 스물두 번 왕복한 거리다. 직접 비행기를 몰고 운항한 나라 수는 70여 개국에 이르며 지구 상의 200개 나라 가운데 소속 항공사의 직통 항로가 개통된 곳은 모두 가 봤다. 많은 사람들에게 머나먼 이국인 아프리카나 동유럽 도시들도 그에게는 제주도만큼 친숙한 곳이다.

넓은 세계를 다니는 것이 꿈

그는 고등학교 때 조종사가 되기로 결심하고 항공대학교에 진학했다. 어린 시절에는 배를 타고 넓은 세계를 돌아다니고 싶었다고 한다. 고등학교 시절 영화를 보고 막연히 조종사가 멋있다고 생각했는데 고등학교 3학년 때 진학 지도용 잡지에서 조종사에 대해 상세한 설명을 접했다.

그래서 그는 당시만 해도 잘 알려지지 않았던 한국항공대학교 운항과에 진학했다. 항공대학교의 경우 운항과는 조종사를 양성하고, 관리과는 관제사를 길러 낸다.

하늘을 나는 조종사는 낭만적으로 보이지만 조종사가 되는 과정은 결코 낭만적이지 않다. 대학교에서는 낭만을 전혀 찾을 수 없었다.

"고등학교 생활의 연속이었죠. 항공대학교에서는 스물두 과목 가운데 다른 과목은 모두 A학점을 받고 한 개 과목만 F학점을 받아 낙제를 해도 유급이 돼 1년 과정을 다시 공부해야 했어요. 공부할 이론 과목은 많고 훈련은 혹독합니다."

기상학과 항공 역학, 기계 공학 등 과목마다 상당한 수준의 이론을 알아야 하고, 모든 통신 용어가 영어여서 영어도 잘해야 한다. 실기 수업도 만만치 않다. 훈련생들은 비행기 엔진이 꺼져 폭발할 수 있는 가상 상황에 혼자 남겨져 대처해야 한다. 이 단계에서 극복하지 못하는 훈련생은 가차 없이 탈락한다.

창공을 난다는 부푼 꿈을 품고 함께 입학한 동기 가운데 절반은 훈련 과정에서 탈락했다. 하지만 그는 이를 악물고 공부해 1978년 항공사에 입사해 조종사가 됐다.

"비행은 가상 훈련이 아니라 실제 상황입니다."

맹명호 기장은 실제 조종사가 돼 운항을 하면서 혹독한 훈련의 중요성을 매번 깨닫게 됐다. 30년이 넘는 시간 동안 무사고로 비행했지만 진땀을 흘린 경험도 있다.

1980년대 말 김포 공항에서 맹명호 기장은 승객 200명을 태우고 김포에서 제주까지 운항하기 위해 이륙 준비를 하고 있었다. 그때 공항 활주로에는 눈이 쌓여 있었는데 당시만 해도 제설 장비가 부족해 눈이 치워지지 않았다. 더구나 그 항공편은 이날 공항에서 첫 번째로 이륙하는 비행기여서 다른 항공기가 달린 흔적도 없었다. 그가 조종석에서 보니 어디가 활주로(비행장에서 항공기가 직접 달려 이륙하거나 착륙하는 일직선의 넓은 길)이고, 어디가 유도로(항공기가 계류장에서 활주로로 나가기 위한 좁은 통로)인지 온통 하얀 눈에 덮여 구별되지 않았다.

맹 기장은 항공기가 활주로를 벗어나지 않도록 주의하면서 이륙 전 지상에서 항공기를 이동시켰는데 그때 평소와 다른 느낌을 받았다. 항공기는 보통 1,000미터를 달리면 속도가 빨라지면서 이륙해야 정상이다.

그런데 이날은 1,500미터를 달려도 충분한 속도가 붙지 않아 이륙하지 못했다. 순간 추운 날씨 때문에 항공기 앞부분에 얼음이 어는 '아이싱' 현상에 충분히 대비하지 않았다는 생각이 들었다. 점화 장치를 이용해 엔진의 아이싱을 수동으로 제거하면서 간신히 비행기를 끌어 올렸다.

"항공기는 이륙 단계에서 엔진이 꺼지면 치명적입니다. 항공기 엔진은 두 개가 있는데 기술적으로 두 개의 엔진을 동시에 점화하면 엔진이 꺼질 수도 있어 엔진이 꺼지지 않도록 한 개씩 점화 장치를 이용해 아이싱을 제거해야 했죠. 다행히 성공적으로 이륙했습니다."

보통 사람들은 비행기의 이륙보다 착륙이 위험하다고 생각한다. 하지만 사실은 정반대다. 비행기가 착륙할 때는 엔진이 꺼져도 치명적인 폭발이 발생하기보다는 다른 곳에 부딪히는 등 2차 파손에 그쳐 상대적으로 위험이 낮다. 착륙 중인 비행기는 수동으로 대처할 여지가 있다. 하지만 이륙에서는 다르다. 이륙하는 항공기는 엔진의 파워가 100퍼센트 사용되기 때문에 엔진이 꺼지면 곧바로 '폭발'로 이어질 수 있다. 이륙할 때는 수동 조작도 많아 조종사들은 '안전한 이륙'을 위해 매번 긴장한다. 바꿔 말하면 항공기 조종사들은 공중에서 일어나는 '비행'만큼이나 '비행 준비'를 중시한다.

'비행 준비'부터 조종사의 업무는 시작된다

조종사는 항공기나 헬리콥터를 조종해 승객이나 화물을 수송하고 비행하는 동안 항공기의 장으로 항공 승무원의 활동을 지휘한다. 이밖에 평소 항공기 성능을 평가하기 위해 새로운 항공기를 테스트하고 새로운 장비를 사용하는 것을 익히기도 한다.

　항공기 조종은 크게 '비행 준비'와 '비행'으로 나뉘는데, 조종사의 업무는 비행 준비, 비행, 착륙 후 마무리, 휴식순으로 되풀이된다.

　비행 준비는 두 차례 브리핑을 하는 것으로 시작된다. 1차 브리핑은 이륙 한 시간 30분 전 기장과 부기장이 기상 정보와 운항 계획 등의 정보를 확인한다. 2차 브리핑은 객실 승무원들과 함께 하는데 비행에서 주의할 점과 승객에 대해 알아야 할 점에 대한 정보를 교환한다.

　조종사는 이륙 전 육안 검사와 체크 리스트를 통해 비행기를 최종 점검한다. 부기장은 비행기 내에서 기계, 계통(완충 장치, 착륙 장치, 제동 장치, 조향 장치 등의 장치를 말한다.)에 문제가 없는지 확인하고 기장은 비행기 외부 외형을 점검한다. 비행기에 이상이 없으면 비행 35분 전에 승객들을 태운다. 조종사는 항공 교통 관제 기관에 비행 항로 허가를 받고 객실에도 이륙을 알린다.

　비행을 할 때 조종은 대부분 자동으로 이뤄진다. 이륙할 때는 수동 조작이 많지만 공중에서 비행은 자동 장비로 진행되고 조종사는 비행 내내 돌발 상황이 없는지 확인한다. 일반 건물에 불이 나면 비상벨이 울리는 것처럼 비행기에 이상이 발생하면 계통기는 시각, 청각적으로 이상이 있다는 신호를 해 준다. 기내에서 화재가 나면 계통기에 불이 들어오고 벨이 울려 불 난 지점을 알려 주고 조종사의 눈에는 보이지 않지만 주변 항로에 장애물이 나타나면 기계가 음성으로 알려 준다.

　"심지어 조종사가 20분 동안 움직이지 않고 가만히 있어도 비행기에서는 경종이 울려 조종사가 제 역할을 하도록 경고합니다. 비행은 많은 것이 자동으로 진행되지만 조종사들은 항상 돌발 상황에 대비하는 자세로 일합니다. 돌발 상황이 발생하면 순간 대응을 잘 해야 하기 때문입니다."

안전하게 착륙하는 것으로 조종사는 비행을 마무리한다. 조종사는 착륙 후에도 30분 동안 현장에 남아 업무를 마무리한다.

최상의 컨디션을 위해 휴식 시간을 지킨다

조종사에게는 휴식 시간이 있다. 국제법상 조종사는 비행시간의 1.5배 동안 휴식하도록 돼 있어 항공사들은 이 기준을 철저히 지킨다. 바꿔 말하면 비행에서는 최상의 몸 상태를 유지하고 긴장감을 갖고 일한다는 말이기도 하다.

만약 12시간을 비행한다면 조종사는 몇 명이 탈까? 정답은 모두 네 명이다. 조종사는 기장과 부기장 등 두 명이 팀을 이뤄 일하고, 휴식 시간을 지키기 때문이다. 조종사는 또 한 번에 4시간 이하로 근무해야 한다. 따라서 12시간 비행한다면 조종사 네 명이 두 개조로 나눠 4시간씩 교대로 근무한다.

장거리 노선에서 조종하지 않는 나머지 두 명은 벙크에서 쉰다. 현재 747기종만 벙크가 있는데 벙크가 없는 나머지 기종의 경우 조종사들은 일등석 좌석에서 쉰다. 하지만 승객들이 좌석에서 쉬는 조종사를 본 적이 없는 이유는 이들이 쉴 때는 사복으로 갈아 입기 때문이다.

"만약 승객들이 일등석에서 쉬고 있는 기장과 부기장을 본다면 조종사들이 마음대로 조종실을 비우고 있는 것이 아닌지 불안해하겠죠. 교대 근무 시스템을 모르는 승객들이 불안해하지 않도록 조종사들은 쉴 때 사복으로 갈아입습니다."

비행시간도 조종사 한 명당 한 달에 100시간 미만, 석 달에 280시간 미만, 1년에 1,000시간 미만 등 조건이 정해져 있고 앞서 말했듯이 비행시간의 1.5배를 의무적으로 휴식한다. 그래서 맹명호 수석 기장의 경우 한 달에 최대 여든세 시간 비행한다.

비행은 장거리 노선도 있고 단거리 노선도 있다. 뉴욕까지는 열네 시간(비행 전 준비와 마무리까지 더하면 근무 시간은 열여섯 시간 이상) 걸려 현지에서 이틀 정도 쉰다. 반면 두 시간 걸리는 도쿄로 비행하면 당일 돌아온다. 조종사는 매달 8일에서 10일은 반드시 휴식해야 한다.

'돌발 상황에 대비한 판단력'이 첫번째 자질

조종사는 돌발 상황에 대처할 수 있는 정확한 판단력이 가장 중요한 자질이다.

"비행을 하다 보면 기상 이변 등 예상치 못한 상황이 많아요. 그래서 현직 조종사들도 돌발 상황에 대처하는 능력을 키우기 위해 1년에 두 번 혹독한 훈련을 받습니다. 비행기가 폭발하고 엔진이 꺼지는 것과 같은 위급 상황을 만들어 놓고 대처하는 훈련도 하죠. 많은 사람들의 생명을 책임지기 때문에 책임감과 사명감이 필요한 동시에 현실적인 순간 판단력도 중요합니다."

건강한 신체도 중요하다. 운동 신경도 좋아야 하고 신체적으로 결함이 있으면 안 된다. 특히 고혈압과 당뇨 등 심혈관계 질환이 있으면 조종사가 될 수 없다. 대기는 건조하고 기압이 낮기 때문이다.

항공대학교나 공군사관학교에 입학한 사람들도 훈련 과정에서 3분의 2정도 탈락한다. 통상 100명의 훈련생을 뽑으면 30명 정도가 조종사 자격증을 취득해 조종사가 된다.

전공 분야는 이과와 관련되고 관련 전공은 항공학과 항공 운항학, 항공 조종학이 있다. 주로 기계 공학, 항공 전자, 항공 역학, 기상학 등을 배운다. 또 이륙과 착륙 시에는 관제사들과 의사소통을 영어로 하기 때문에 영어도 잘해야 한다.

세계의 하늘길이 일터

"외교관이 아니고는 외국에 나가기 힘들던 예전에 이 직업의 매력은 더 컸죠. 1979년 제가 국제선에서 이륙하자마자 아내가 첫딸을 출산했다는 소식을 들었습니다. 병원으로 달려갔는데 입원실이 부족해 가족들이 발만 동동 구르는 상황이었어요. 눈이 펑펑 내리는 한겨울에 의사와 간호사들에게 태국에서 사 온 수박을 줬더니 병원에서 직원들이 당직실로 쓰는 온돌방을 내준 일이 있어요. 여름에도 수박이 귀하던 시절, 한겨울에 대형 수박이라니 모두가 신기해했죠."

해외여행이 자유화되면서 이제 해외여행은 보편화됐다. 그래도 여행을 좋아하는 사람에게 조종사는 여전히 매력적이다. 또 조종사는 보수도 비교적 높은 편이고 근무 시간도 많지 않다. 아무리 오래 근무해도 여덟 시간 이상 근무하지 않고 자유 시간도 많다. 최소한 한 달에 8~10일은 쉬지만 비행 후 현지 휴식까지 합치면 한 달에 3분의 2는 쉬는 셈이다.

단점도 있다. 업무상 집을 많이 비우고 가족과 떨어져 지내는 시간도 많다. 밀폐된 기내 근무 환경도 좋지 않다. 건조하고 기압이 낮은 비행기 내에서 장시간 일하기 때문이다. 또 조종사가 되는 과정이 힘들고 항상 위험 상황에 대한 부담감을 안고 일한다는 것도 큰 단점이다.

"비행 중에는 늘 스트레스와 긴장감을 갖고 일하죠."

조종사는 승객의 생명을 책임지는 직업이기에 전시 태세에 임하는 군인들같이 일한다.

"조종은 요령 있게 하려면 쉽게 할 수도 있지만 제대로 준비하려면 끝이 없어요. 항공기 운항 전에도 매뉴얼을 보고 준비할 것이 엄청나게 많습니다. 잠시만 소홀해도 한순간에 불행과 맞닥뜨릴 수 있습니다. 400명의 손님을 태우고 비행하면 그 가족들까지 책임지는 직업이 바로 조종사입니다. 비행기 한 대 가격은 큰 공장 한 개와 맞먹기도 합니다. 조종사는 생명과 재산을 책임진다는 생각과 만반의 태세를 갖추고 위기에 대처하는 마음 자세를 갖고 비행에 임해야 합니다."

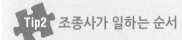

Tip1 어떻게 조종사가 되나?

항공기 조종사가 되기 위해서는 공군사관학교와 한국항공대학교 등에서 항공 운항학이나 항공 조종학, 항공학을 전공해 관련 자격증을 따야 한다. 이밖에 4년제 대학 출신자 가운데 정부의 '일반 조종 장교' 모집에 지원해 해당 교육과 훈련 과정을 이수하면 민간 항공사 등에 진출할 수 있다. 최근에는 한서대학교와 성화대학에서도 항공 관련 전공자를 배출한다. 관련 자격증으로는 교통안전공단에서 주관하는 운송용·사업용·자가용 조종사가 있다. 응시 자격은 사업용 조종사는 약 200시간, 운송용 조종사는 약 1,500시간 이상, 자가용 조종사의 경우는 약 40시간 이상의 비행시간이 필요하다.

관련 기관: 교통안전공단(www.ts2020.kr), 대한민국공군(www.airforce.mil.kr), 한국항공진흥협회(www.airtransport.or.kr), 한국항공대학교 항공운항과(www.kau.ac.kr), 한서대학교 항공운항과(www.hanseo.ac.kr), 성화대학 항공조종과(www.sunghwa.ac.kr)

Tip2 조종사가 일하는 순서

❶ **비행 준비**–비행시간 1시간 30분 전부터 두 차례 브리핑을 한다.

• 1차 조종사 브리핑

기장과 부기장이 비행 자료를 검토하고 항로, 비행기의 계통, 기상 상황을 점검한다.

• 2차 합동 브리핑

기장과 부기장이 객실 승무원들과 합동 브리핑을 갖는다. 서로 얼굴을 익히고 비행 일정을 확인하고 비행 과정에서 주의할 점, 승객에 대해 알아야 할 점 등을 교환한다.

• 이륙 준비와 이륙

조종사는 이륙 전 비행기를 최종 점검한다. 비행 35분 전에 승객들을 태우고 항공 교통 관제 기관에 비행 항로 허가를 받는다.

❷ **비행**

조종은 대부분 자동으로 이뤄지고 일부 수동으로 한다. 이륙할 때는 수동 조작이 많지만 비행하는 동안에는 자동 장비로 진행된다. 조종사는 비행 내내 돌발 상황이 없는지 확인하고 돌발 상황이 발생하면 대응을 잘 해야 한다. 안전하게 착륙하는 것으로 비행을 마무리한다.

❸ 착륙 후 업무 마감과 휴식

착륙 후에도 조종사는 30분가량 기내에 남아 엔진을 끄고 모든 계기가 꺼진 것을 점검하는 등 업무를 마무리한다. 이후에는 비행시간의 1.5배 이상 휴식을 취한다.

 연봉

한국직업능력개발원의 '산업 직업별 고용 구조 조사'에 의하면 항공기 조종사는 5,797명이고 대부분이 남성이다. 학력별로는 대졸이 81.8퍼센트, 석사가 14.7퍼센트이며 정부가 조사한 전체 조종사들의 월 평균 임금은 750만 원으로 집계됐다.

 10년 뒤 직업 전망

향후 10년 동안 여행 수요의 증가와 국제 운송 업무 증가로 항공기 수요가 급증할 것으로 전망된다. 세계화로 인해 전 세계적으로 항공기 수요가 늘어날 뿐 아니라 면적이 넓고 인구가 많은 중국과 인도 같은 나라에서는 경제 발전에 따라 항공 수요가 폭발적으로 늘어나고 있기 때문이다. 이에 따라 조종사의 수요도 증가할 것으로 예상된다. 또 조종사의 자질과 근무 여건이 국제적으로 표준화돼 있기 때문에 전문성과 보수도 증가할 것으로 전망된다.

성공이 아니라 신념의 문제,
법조인이 되기 위해 한 우물을 파다

변호사 김희정

1976년 울산에서 태어나 부산대학교 법학과를 졸업했다. 2002년
사법 고시에 합격해 2005년 변호사로 개업했다.

인생에서 성공한다는 것은 단순히 부를 얻는 것 이상의 문제입니다.

확실한 신념이 있느냐, 평생 할 만한 가치가 있느냐의 문제이지요.

돈만 보고 변호사가 되려고 한다면 변호사가 되더라도 행복해지기 힘들어요.

— 변호사 김희정

관객을 지적으로 흥분시키는 법정 영화의 단골 주인공은 단연 변호사다. 베일에 쌓여 있던 진실이 변호사의 화려한 법정 진술을 통해 하나씩 벗겨지고 마침내 정의가 승리한다. 이 모든 승리를 이끄는 영화 속의 변호사는 똑똑하고, 호소력 있고, 동정심까지 갖추고 있다.

반면 영화 속 변호사가 조연이라면 이미지는 정반대로 바뀐다. 돈을 위해 망설임 없이 영혼을 파는 인물, 주인공을 괴롭히는 악역이 바로 변호사이다.

하지만 필자가 만나 본 현실 속의 변호사들은 영화 속에 등장하는 양극단의 캐릭터 중 어느 한쪽에 가깝다기보다는 중간 어딘가에 있었다. 기본적으로 똑똑하고 논리적지만, 영화 속 주인공만큼 뛰어나게 말을 잘

하는 변호사는 의외로 많지 않았다. 개업한 변호사들은 수입에 대한 관심도 높았지만 의뢰인을 제대로 돕겠다는 사명감과 사회에 기여하겠다는 소명 의식도 높았다.

게다가 우리나라 법정에서는 변호사와 검사가 화술 대결을 벌이는 장면은 보기 힘들다. 신중을 기하는 '서면' 변론이 바탕이 되기 때문이다.

그래도 영화와 같은 두뇌 싸움은 존재한다. 판결에서는 '무엇이 진실인가' 하는 사실 자체보다는 '무엇이 진실인가를 어떻게 증명할 수 있느냐' 혹은 '관련법을 어떻게 적용할 수 있느냐'가 더 중시되기 때문이다. 따라서 소송을 대리하는 변호사는 법률적 지식을 설득력 있게 표현할 수 있어야 하고 이를 위해 노력하는 사람이다.

김희정 변호사는 대학을 졸업한 지 4년 만에 사법 고시에 합격했다. 사법 연수원을 거쳐 2005년 법률 사무소를 개업하고 변호사 업무를 시작했다. 영화나 드라마에 등장하는 변호사들은 대부분 차갑고 냉철했는데 김 변호사의 첫인상은 싹싹하고 따뜻했다.

김희정 씨는 초등학교 4학년 때 변호사라는 직업을 처음 알게 됐다. 당시에 아버지가 교통사고를 당해 손해 배상 청구 소송을 변호사에게 맡겼는데, 재판 결과는 만족스럽지 않았다.

"부모님 이야기만 들었을 때는 그 변호사가 크게 잘못한 줄 알았어요. 나중에 변호사가 돼 그 사건을 들여다봤더니 변호사에게 잘못이 있다면 재판 진척 상황을 부모님께 제대로 알리지 않은 것이었습니다. 재판 상황이 예상보다 악화됐는데 변화된 상황을 충분히 알려 주지 않아 부모님들이 결과에 낙담하고 오해하신 거죠."

불성실한 변호사에 대한 좋지 않은 기억은 이 직업에 대한 이상한 호기심을 남겼고, 고등학생이 된 뒤에는 장래 희망으로 바뀌었다. 법대로 진학한 뒤 1학년 때부터 사법 고시를 염두에 두고 학과 공부를 열심히 했다고 한다.

"대학 3학년 때부터 학교 내 고시반에 들어가 사법 고시를 준비했어요. 고시반에서는 아침 9시부터 밤 10시까지 공부가 기본인데 감독관이 매일 다섯 번 이상 체크해 지정된 자리에 앉아 있지 않으면 퇴소됩니다. 고시반 인원이 150명인데 고시반에 들어가는 것부터 경쟁이 치열했어요. 법대의 한 학년 재학생만 160명인데다 졸업생과 다른 시험을 준비하는 사람들도 고시반에 들어오고 싶어했으니까요. 저도 일반 도서관에서는 자기 통제가 잘 되지 않아 고시반에서 공부했어요."

1999년 대학을 졸업한 뒤 서울로 올라가 본격적으로 사법 고시 준비에 매달렸다. 신림동 고시촌에 머물며 고시원과 독서실을 오가며 공부했고 같은 시험을 준비하는 서너 명이서 스터디도 했다. 학원비와 생활비가 만만치 않았고 해마다 법이 바뀌어 책도 다시 사야 했다.

다행히 졸업 후 3년 만인 2001년 5월 1차 사법 시험에 합격했다. 1999년과 2000년에 이은 세 번째 도전이었다. 당시에는 '고시 폐인'을 없앤다는 취지로 1차 시험에서 네 번 탈락하면 아예 응시 자격을 주지 않아 불안해했는데 삼수 끝에 1차 시험에 합격했다. 그 후 2002년 두 번째로 응시한 2차 시험에서 마침내 최종 합격했다.

"고 3 때보다 더 불안했어요. 고 3은 취업에 대한 불안감은 없잖아요? 하지만 사법 고시는 준비하다 떨어지면 취업 준비를 위해 새로운 공부를 해야 하니 불안할 수밖에요. 최종적으로 결과가 좋았지만 공부 과정은 쉽지 않았어요. 저희 집안은 평범한 회사원인 아버지가 혼자 생활비를 버는 가정이에요. 제가 1남 2녀 중 장녀인데 졸업하고 취직도 못하고 계속 공부한다는 부담감도 컸어요. 하지만 부모님께서 한 우물을 파도록 절대적으로 밀어주셨어요."

김희정 씨가 대학을 졸업하고 4년 동안 사법 고시 준비에 매달릴 수 있었던 것은 아이러니하게도 진로를 바꿀 수 없었기 때문이다.

"배수진을 치고 공부했어요. 중도 포기할 수도 없었지요. 저는 대학에 입학한 뒤로 영어 공부나 다른 취업 준비를 전혀 하지 않았기 때문에 다른 우물을 팔 수도 없었어요."

영어를 공부하지 않은 것은 그녀가 사법 시험을 준비하면서 제2외국어로 스페인 어를 택해 공부했기 때문이다. 영어를 잘하는 사람은 많지만 사법 고시에서 스페인 어는 도입된지 얼마 되지 않아 상대적으로 쉬울 것 같아서였다고 한다.(당시만 해도 영어는 제2외국어 선택 과목 중 하나였지만 현재 사법 시험은 영어가 필수 과목이다.)

"제 모교의 경우 법대 입학생 150명 가운데 평균 2~5명이 사시에 합격합니다. 물론 모두 사시를 준비하는 것은 아니지만 그만큼 합격하기가 쉽지 않습니다. 사시는 1차 시험을 준비하는 데 최소 1~2년이 걸리고, 2차 시험도 평균 1년이 걸리기 때문에 꼬박 2~3년은 집중해야 합니다. 고시에 합격한 뒤 연수원에서 2년 동안 공부한 뒤 연수원 성적과 저의 성격

등을 고려해 변호사가 됐습니다. 변호사는 사람들을 직접 상대한다는 점에서 사교적이고 활발한 제 성격과도 잘 맞아요."

변호사는 법률 지식을 가진 상담사

"한번은 오토바이를 훔친 열일곱 살짜리 청소년 두 명에 대한 변론을 맡았습니다."

이 아이들은 앞서 1심 소송에서 이미 징역 6개월 선고를 받은 뒤 2심인 항소심을 앞두고 있는 상황이었다. 미성년자인 이들의 사정은 특수했다. 19세 미만 절도 피의자는 '소년법' 적용을 받으면 징역형을 면할 수 있다. 하지만 19세 미만이라도 '2인 이상'이면 '특수 절도'가 성립돼 '형법상 범죄' 적용을 받게 되고 이 경우에는 1년 징역형을 받을 수 있다. 이들은 1심에서 징역형을 선고받았고 2심에서 형을 줄이기 위해 한 아이의 부모가 김 변호사를 선임한 것이었다.

"먼저 구속된 아이들을 찾아가 오랫동안 이야기를 했어요.(부모는 하루 10분으로 면회 시간이 제한되지만 변호사는 무제한 면회를 할 수 있다.) 1심에서 징역형을 받은 아이들에게 희망을 주기 위해 노력했죠. 무엇보다 부모님의 애정을 전해 주고, 진심으로 뉘우치면 석방될 수 있다고 말해 주고 피해자와 합의를 이끌어 냈어요. 그리고 피해자와의 합의를 근거로 재판부에게 아이들을 일반 재판부에서 소년부로 이송시키고 형을 낮춰 줄 것을 호소했습니다."

그 결과 1심에서 징역형을 선고받았던 두 명은 항소심에서 '보호 관찰' 처분만 받고 석방됐다. 1심에서 받았던 징역 6개월이라는 전과 기록이 남지 않게 된 것이다.

"저에게 변호를 의뢰했던 부모와 그 자녀는 물론 다른 아이도 고마워하고 평생 성실하게 살겠다고 거듭 말하는 것을 보고 보람을 느꼈습니다."

변호사의 일은 소송을 대리하는 것이다. 법률 사건과 관련해 소송을 준비하거나 고민이 있는 사람들을 상담하고 법정에 가서 변론을 한다. 재판에 참석하거나 소송을 준비하는 것이 변호사의 가장 중요한 업무이다.

재판에서는 판사가 소송 쌍방의 서면(재판을 위해 의뢰인의 주장을 법률적으로 표현한 글)을 보고, 재판 당일 양측의 주장을 확인한 뒤 판결하는 것이 일반적이다. 마음에 호소하는 '온정주의'로는 소송에서 이길 수 없다. '증거중심주의'로 판결이 이뤄지기 때문이다. 소송을 대리하는 변호사들도 개별 사건에서 증거를 무엇보다 중시한다.

"변호사는 의뢰인의 주장도 듣지만 결정적인 단서와 증거를 확보하기 위해 노력합니다. 가령 교통사고 가해자로 몰린 의뢰인이 자신이 피해를 입었다고 주장한다면 사고 현장에 있었던 목격자 같은 '증인'을 찾거나 사진 등의 '증거'를 모아야 합니다. 또 상황을 토대로 도로교통공단과 국립과학수사 연구원에 의뢰해 사고가 어떻게 났는지 분석하기도 합니다."

개인 변호사 사무소를 운영하는 그녀의 공식 업무는 아침 9시부터 저녁 6시까지다. 낮에는 주로 재판에 참가해 의뢰인을 변호하거나 의뢰인들과 상담을 한다. 서면 작성은 일과 시간 후 밤이나 주말에 주로 한다.

공식적인 업무가 끝나도 저녁에는 여러 가지 약속이 많다. 개인 변호사는 인맥을 중시하는데 사건 의뢰도 아는 사람을 통해 소개받는 경우가 많기 때문이다.

변호사는 개인이 개업한 변호사와 대형 로펌 소속 변호사로 나뉜다. 개인 변호사는 다양한 재판 업무를 접해 볼 수 있다. 반면 로펌에서는 변호사들의 업무가 분담돼 전문성을 높일 수 있다. 예컨대 로펌에서는 '금융 분야' 재판 담당, 의뢰인 회사에 대한 법률 자문, 계약서 작성 등으로 변호사들의 업무가 나뉜다.

변호사들은 여러 사건을 동시에 처리한다. 소송 한 건당 민사 소송(개별 당사자들 간의 법률 관계를 다루는 소송)이 1년, 형사 소송(개인의 범죄에 대해 국가가 형벌권을 행사하기 위해 벌이는 소송)은 6개월이 걸리는 일이 다반사기 때문이다.

변호사에게 필요한 자질로는 우선 법률적 지식과 상담 기법을 꼽을 수 있다. 판사처럼 법률을 다루지만 판사가 사회와 단절된 상태에서 판결하는 반면 변호사는 사람들을 직접 상대해 변론을 준비한다는 점에서 차이가 있다. 교사에 비유하면 변호사는 상담 교사이고, 판사는 시험을 평가하는 감독관과 비슷하다.

변호사는 계속되는 재판 과정에서 의뢰인과 신뢰 있는 관계를 유지해야 하므로 원만한 대인 관계도 중요하다.

재판 과정에서는 실수가 용납되지 않기 때문에 재판을 준비할 때에는 꼼꼼함이 필요하다. 또 사건에 대한 논리적인 분석 능력과 변호를 위해 글과 말로 정확하게 표현할 수 있는 능력도 중요하다.

법률적 지식으로 의뢰인 돕는 것이 보람

변호사라는 직업의 가장 큰 장점은 소송을 대리하며 보람을 얻는 것이다.

"의뢰인이 소송에서 이기면 기쁘고, 지더라도 다소나마 억울함을 풀어 줄 수 있다면 보람을 느낍니다. 이야기를 들어 주는 것만으로도 사람들에게 위안을 주기도 합니다. 형사 사건의 경우에 의뢰인이 석방되지 못하더라도 앞으로 죄짓지 않고 살겠다고 반성하는 것을 보기도 하고, 국선 변호사로서 구치소에 접견을 가서 피의자의 말을 열심히 들어 주고 대변해 주면 고마워합니다. 나중에 편지를 보내거나 사무실에 인사하러 오는 사람도 있습니다."

이 직업의 또 다른 장점은 자격증이 있는 고소득 전문직이라는 것이다. 정부가 조사한 전체 변호사들의 공식적인 월 평균 임금은 745만 원으로 상당히 높다. 사건 변호를 맡으면 한 건당 수임료가 330만 원이고 승소하면 더 받기 때문에 개별 변호사들의 수익은 능력에 따라 천차만별이다.

"변호사는 어떤 목표를 세우는가에 따라 달라질 수 있습니다. 돈을 많이 벌겠다고 생각하면 돈을 받고 사건 소송을 대리하는 수임 중심으로 일해 수입을 올릴 수 있습니다. 반면 공익 활동을 중시한다면 인권 신장을 위한 활동이나 무료 소송 대리를 통해 사회에 기여할 수도 있습니다."

변호사의 단점은 다른 사람의 고민을 해결해 주는 과정에서 스트레스를 많이 받는다는 것이다.

"특히 의뢰인이 도덕적으로는 분명 억울한데 법률적으로 도와줄 수 없을 때 스트레스를 많이 받습니다. 또 민사 소송의 경우 당사자와 상대방의 주장이 다를 때, 혹은 의뢰인이 거짓말을 하거나 불리한 사실을 숨겨 소송이 더 힘들어질 때도 있습니다."

업무 외에 개인적인 여가 시간도 적은 편이다. 소송 준비에도 많은 시간이 걸리지만, 경쟁이 치열해지면서 의뢰인을 확보하기 위해 여러가지 사회 활동을 하는 경우도 많다.

"인생에서 성공한다는 것은 단순히 부를 얻는 것 이상의 문제입니다. 확실한 신념이 있느냐, 평생 할 만한 가치가 있느냐의 문제죠. 모든 직업에는 장단점이 있어요. 원하는 직업을 갖게 되었다고 해서 바로 성공했다고 말할 수도 없지요. 돈만 보고 변호사가 되려고 한다면 되기도 힘들지만 변호사가 되더라도 행복해지기는 더욱 힘들어요. 어떤 직업을 선택하든 거기서 열심히 하고 보람을 찾는 것이 가장 중요합니다."

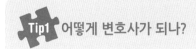 **Tip1** 어떻게 변호사가 되나?

사법 시험에 합격한 뒤 2년간의 사법 연수원 과정을 수료해 곧바로 변호사가 될 수 있다. 또는 판사나 검사의 자격을 갖추거나, 군법무관으로서 10년 이상 근무하면 자격을 취득할 수 있다. 사법 시험 선발 인원은 2011년에는 700명이다. 사법 시험 관리 위원회는 법학 전문 대학원(로스쿨)의 도입으로 2017년 폐지될 예정인 사법 시험의 선발 인원을 매년 순차적으로 줄여 2012년에는 500명, 2013년에는 300명으로 줄이겠다고 밝혔다.

사법 시험에 응시하려면 일정 점수 이상의 공인 영어 점수를 취득하고, 대학 또는 법학 대학원에서 법학 과목을 35학점 이상 이수해야 한다. 대학에서 법학, 공법학과, 사법학과를 전공하면 사법 시험에서 유리하며, 대학에서 법학을 전공하지 않아도 법학 전문 대학원에 입학하고 3년간 공부한 뒤 변호사 시험에 합격하면 변호사가 될 수 있다. 2012년부터 법학 전문 대학원 출신 변호사들이 법조계로 진출을 시작한다.

관련 기관: 대법원(www.scourt.go.kr), 법무부(www.moj.go.kr), 대한변호사협회(www.koreanbar.or.kr), 사법 연수원(www.jrti.scourt.go.kr)

 Tip2 변호사는 어떤 순서로 일할까?

변호사는 계약, 상담, 재판 준비, 재판순으로 소송을 처리한다. 일하는 순서를 시간상으로 나열하면 다음과 같다.

첫째, 의뢰인과 사건을 맡겠다는 계약을 한다.

둘째, 의뢰인의 이야기를 듣고 상담한다.

셋째, 재판 업무를 대행한다.(법원도 소송 관련 우편물을 당사자가 아니라 변호사 사무실로 보내오고 변호사가 재판을 준비한다.)

넷째, 의뢰인에게 재판 일정과 흐름을 이야기한다.

다섯째, 소송 상대방이 서면을 보내오면 변호사도 의뢰인과 상담하거나 증거를 확인한 뒤 서면으로 답변을 적어 보낸다.

여섯째, 재판장에 가서 의뢰인을 변호한다.

 연봉은?

한국직업능력개발원의 '산업 직업별 고용 구조 조사'에 따르면 변호사 수는 6,967명이
며 이 중 여성의 비율은 10.6퍼센트로 나타났다. 변호사의 학력은 대졸이 77.7퍼센트,
석사 이상이 22.3퍼센트이며 전체 변호사들의 공식적인 월 평균 임금은 745만 원으로 조
사됐다. 실제 연봉은 이보다 높다. 변호사는 기본 수임료가 330만 원이고 승소하면 5퍼센
트가량 더 받기도 한다. 따라서 사건 수임과 승소율에 따라 수입이 결정되는데 연봉은
개인 변호사의 능력에 따라 차이가 크다.

 10년 뒤 직업 전망

사회가 점점 다양해지고 복잡해지면서 법률 서비스의 필요성이 늘어나고 있다. 개인 간
의 다툼인 민사상 분쟁뿐만 아니라 기업과 기업 간의 분쟁과, 다른 나라와의 법적 분쟁
도 늘어나고 있어 변호사의 고용은 늘어날 전망이다.
　다만 변호사 간의 경쟁은 더 치열해질 것으로 예상된다. 현재 우리나라에는 약 7,000명
정도의 변호사가 있는데 매년 수백 명씩 늘어나고 있다. 하지만 소송 의뢰는 변호사 수의
증가에 비례해 늘어나지는 않고 간단한 소송은 일반인이 변호사의 도움 없이 혼자서 처
리하는 경우도 많아졌다.
　현재 변호사들은 대부분 개업하거나 대형 로펌에서 일하는 것이 일반적이다. 하지만 변
호사 수가 늘어나면서 앞으로는 일반 회사나 공공 기관에 취업하는 등 변호사의 활동 영
역은 다양해질 것으로 전망된다.

뒤늦게 찾아온 방황, 차선의 선택에서 보람을 찾다

치과 의사 채종성

1961년 대구에서 태어나 서울대학교 치대를 졸업하고 1990년 치과를 개원해 치과 의사로 일하고 있다.

어떤 직업이든 20년 뒤 상황은 예측할 수 없으니 전망은 의미가 없어요.

그저 열정적으로 하고 싶은 직업을 선택하세요.

열심히 하다 보면 어떤 직업이든 인정받게 될 것입니다.

— 치과 의사 채종성

앞서 소개한 직업인들은 간절히 원해서 스스로 선택했든 우연한 기회로 시작하게 되었든 일단 그 직업에 뛰어든 뒤에는 자신의 직업에 대한 만족감이 넘쳤고 자신의 직업에서 성공을 거둔 사람들이다.

그러나 모든 사람들이 직업 선택에서 성공만 하는 것은 아니다. 만약 자신이 선택한 직업이 적성과 맞지 않는다는 것을 뒤늦게 발견하면 어떻게 해야 할까.

그래서 '차선의 선택을 했고, 뒤늦게 방황했고, 노력을 통해 슬럼프를 극복한 직업인'의 이야기도 함께 싣고자 한다. 주인공은 이제 과거 자신의 실패담도 웃으며 이야기할 수 있을 정도로 만족감을 회복했다.

채종성 원장은 치과를 개원해 20년 동안 치과 의사로 일하고 있다. 치아 교정과, 소아 치과, 치주과, 임플란트 보철과 등 전문 치과의들을 모아 종합 치과를 개원할 만큼 치과의 전문성을 높이기 위한 노력도 했다.

하지만 그가 처음부터 치과 의사가 되겠다는 꿈을 가진 것은 아니었다. 사실은 다른 꿈을 접고 치과 의사가 됐고 이후 노력을 통해 좋은 의사가 됐다고 볼 수 있다. 그의 고 3 시절로 돌아가 보면 순전히 집안 사정과 경제적 이유 때문에 치과 대학에 진학했다는 사실을 알 수 있다.

전교 600명 중 200등, 목표는 서울대학교 공대

"치과는 돈을 벌기 위해 진학했어요."

중학교와 고등학교 때 채종성 원장의 꿈은 공과 대학에 가는 것이었다. 공학자가 돼서 기술 개발을 통해 우리나라를 잘살게 하는 데 기여하겠다는 포부였다.

"수업 시간에 지리 선생님께서 우리나라는 남북이 분단된 상황이고 자원도 빈약하니 우리가 잘사는 길은 기술 개발밖에 없다고 강조하셨죠. 그 말에 자극을 받아 뛰어난 공학자가 돼야겠다고 결심했어요."

그는 고등학교 2학년 때까지만 해도 전교 600명 중 200등을 할 정도로 성적이 뛰어나진 못했다.

"하지만 꿈이 있다는 것이 중요하죠. 고 2때 담임 선생님께서 제가 열심히 노력하면 4년제 대학에 갈 수 있다고 말씀하셨어요. 저는 마음속으로 서울대 공대가 목표라고 외쳤죠."

2년 동안 하루 10시간 이상 책상에 붙어 앉아 공부만 했더니 놀랄 만한 결과가 나왔다. 3학년 2학기가 되자 진짜 서울대학교 공대에 갈 수 있는 성적이 나왔던 것이다. 그런데 갑자기 집안에 빚이 불어나 파산할 상황이 됐고 공대를 졸업해 순수 연구를 해서는 당장 집안의 경제적 문제를 해결할 수 없다고 판단했다.

"최소한 부모님께 생활비를 드리기 위해서는 치대를 나와 돈을 벌어야 한다는 절박함이 있었어요. 의과 대학도 고려했지만 치과 대학보다 학비가 비싸고 대학 6년 뒤에도 다시 4년 동안 수련의 과정을 밟아야 했기에 우리 집 사정과 맞지 않았습니다. 대신 치과는 당시만 해도 수련의 과정 없이 졸업 후 바로 개원하는 경우가 많아 원치 않게 진로를 바꿨어요."

공학도를 꿈꿨던 채종성 원장은 현실적인 이유로 꿈을 접고 치대에 입학했고 졸업 후 치과를 개원했다. 하루에 60명의 환자가 올 정도로 치과 운영은 잘 됐고 경제적으로도 어려움이 없었다.

후회보다는 현실을 받아들이고 감사하는 마음으로

개업하고 3년이 지난 어느 날 슬럼프가 찾아왔다. 서른두 살에 꾹꾹 눌러놓았던 어린 시절 꿈과 내면에 감춰진 삶에 대한 모든 회의가 한꺼번에 몰려왔다. 그동안 그는 의술이 뛰어난 의사는 못 되더라도 부모님의 생활비를 대는 착한 아들, 좋은 남편이자 자상한 아버지는 된다고 생각했다. 하지만 현실은 그렇지 않았다. 그는 부인의 말 한마디에 충격을 받았다.

"아내는 풍족한 생활비가 전부는 아니라고 말했죠. 가족들에게 저는 좋은 남편도, 자상한 아빠도 아니며, 결정적으로 부모에게 따뜻한 안부

인사도 한 적이 없는 불효자일 뿐이라는 말을 들었어요. 섭섭하긴 해도 반박할 수가 없었죠."

졸업 후 사회에 봉사를 제대로 못했다는 것도 늘 마음의 짐이었다. 직업인으로서 환자들을 잘 보살피는 의술이 뛰어난 의사도 못 되는 것 같았다.

"완전히 기댈 곳이 없어진 거죠. 사회에 기여한 바는 적더라도 원래의 꿈을 접고 평범한 치과 의사가 된 것은 가족을 위한 선택이라고 나름대로 위안을 삼았거든요. 그런데 가정에서조차 인정받지 못한다는 사실은 정말이지 받아들이기 힘들었어요."

30대 가장은 사춘기 청소년처럼 뒤늦게 진로를 놓고 방황하기 시작했다.

'당장 치과 의사를 그만둘까? 이제라도 다시 공대에 진학할까?'

오랫동안 치과 문을 닫고 심각하게 고민했고 스스로에게 질문을 던졌다. 하지만 오랜 고민 끝에 내린 결론은 그만둘 수 없다는 것이었다.

'그러면 방법은 하나밖에 없다. 치과 의사로 살되 열심히 살아야 한다.'

마음을 바꿔 먹고 미국으로 휴가를 떠났다. 유학을 갔던 대학 동기들에게 차례로 연락해 미국의 명문 대학과 병원들도 방문했다.

채종성 원장은 그곳에서 미국의 치과 의사들이 어떻게 진료하는지 살피고 선진 치료 기법도 눈여겨봤다. 그러고 나서 한국에 돌아온 뒤 지금까지 모아둔 돈으로 진료 장비와 병원 인테리어를 바꾸는 데 모두 투자했다. 공부도 다시 했다.

후회를 품고 사는 인생보다 현실을 받아들이고 감사하는 마음으로 사는 삶이 더 재미있는 법이다. 채종성 원장은 치과 의사로 살아가는 것에 감사하고 만족하려고 노력했다.

"치과 의사로 열심히 살아야겠다고 마음먹으니 모든 것이 달라졌어요. 책을 읽어도 새롭게 들어왔고 환자를 봐도 얼굴에 미소가 지어졌어요. 이전에는 환자를 봐도 무표정한 표정을 지었어요. 신기하게도 제가 환자를 보고 웃으면 진료 효과가 더 좋아진다는 사실도 발견했어요. 치과에 올 때마다 우는 아이가 있었는데 제가 마음속으로 '내가 안 아프게 해 줄게.'라고 말하면 아이가 이상하게 울음을 그치더군요. 제가 마음속으로 친절하게 말하면 저도 모르게 표정이 좋아지고 환자도 느낌으로 아는 것 같아요."

열심히 진료를 했더니 환자들이 몰려 수입은 더 늘었다. 그는 5년이 지난 1998년에 수익을 모아 당시로는 생소하던 종합 치과 병원을 개원했다. 임플란트 치료 등 자신이 한계를 느낀 다른 분야의 전문 치과의들을 한 병원에 모아 전문적으로 치료하자는 취지였다. 또 장애인 시설의 어린이들에게는 매주 한 차례 무료 진료를 하기 시작했다. 병원의 일부 공간에는 지역 예술인들을 위한 공연장과 전시장을 만들어 개방했다. 인생에 대한 감사의 마음을 세상에 되돌려 주고 싶어서였다.

자신이 택한 직업에서 보람을 찾는 사람이 되라

치과 의사는 치아를 포함한 구강의 질환을 치료하거나 예방하는 의사다. 치아를 청소하고 충치를 치료하고 빠진 치아는 교정하거나 수술을 하기도 한다. 치열이 고르지 않은 치아를 교정하고 이를 하얗게 하는 심미 치료도 한다.

치과 의사들은 대부분 아침 9시에 출근해 저녁 6~7시까지 진료한다. 최근에는 경쟁이 치열해져 일부 치과는 야간 진료와 토요일 진료도 한다.

"치과 의사가 되는 데 중요한 것은 사람을 사랑할 줄 아는 마음과 따뜻하고 양심적인 태도라고 봅니다. 아픈 환자를 낫게 하겠다는 마음이 가장 중요하죠. 열정을 갖고 치료해야 합니다. 꼭 낫게 하겠다고 마음먹고 진료하면 치료율도 높아지더군요. 치과 의사는 천재적인 지능이 아니라 기본적인 지능만 있으면 됩니다."

채종성 원장은 치과 의사의 자질로 사명감과 서비스 정신, 환자를 이해하는 마음을 강조했다. 또 환자의 질환을 판단하고 분석할 수 있는 판단력, 정교한 시술을 위한 손재주도 필요하다.

"손재주도 노력하면 개선할 수 있어요. 한 시간 연습해서 못하면 두 시간 연습하면 되죠."

치과 대학이나 치과 대학원 전공은 이과 분야로 수학보다는 생물 쪽에 더 가깝다. 전공 공부는 논리적인 면보다는 암기력을 더 많이 요구한다고 한다.

치과 의사의 가장 큰 보람은 아픈 환자를 진료해 호전되는 것을 보는 것이다. 장점은 자격증이 있는 전문직으로 직업의 안정성이 높다는 점이다. 개업을 하든 다른 병원에 속해 일하든 경제적으로 윤택하다. 직접 개업해 열심히 진료하는 의사는 평균 연봉이 억대에 이른다고 한다. 반면 병원에 속해 월급을 받는 의사는 이보다 월급이 적고 개인 차가 크다.

단점은 공부 과정이 힘들다는 것이다. 치과 대학에 입학하려면 공부를 잘해야 한다. 치과 대학의 경우 입학 후 6년 동안 공부할 분량도 많고 대학 본과에서는 고 3에 버금가는 수준으로 공부해야 한다. 전문 치과 의사가 되려면 졸업 후에도 4년이라는 시간이 더 필요하다.

"직업은 다 똑같아요. 남을 돕는 일이죠. 남을 도우면서 자신도 먹고 사는 것입니다. 화가는 그림을 그려 다른 사람에게 감동을 주고 작가는 글을 써서 세상을 아름답게 만들 수 있죠. 칼국수집 주인은 정성을 다해 빚어낸 칼국수로 손님들에게 먹는 즐거움을 주죠. 저는 의술로 남을 돕고자 합니다. 어떤 직업이든 20년 뒤 상황은 예측할 수 없으니 전망은 의미가 없어요. 인기 학과에 매달릴 필요도 없습니다. 그저 열정적으로 하고 싶은 직업을 선택하세요. 열심히 하다 보면 어떤 직업이든 인정받게 되고 덤으로 돈도 벌고 세상을 이롭게 할 것입니다."

그는 세 명의 자녀들에게 '어떤 사람이 되라.'거나 '열심히 공부하라.'고 말하지 않는다. 그저 '네가 태어난 이유가 있을 것이다. 소명을 찾아라. 잘하는 일로 세상을 어떻게 이롭게 할 수 있을지 고민하라.'고만 말한다.

"아이들에게 큰 배를 만들게 하고 싶다면 가르칠 필요가 없어요. 그저 바다로 데려가세요. 수평선 저 너머 태평양 저편에는, 수천 미터 아래 물속에는 무엇이 있을까 물어보세요. 동경심과 꿈을 심어 주세요. 자신이 배를 만들고 싶다는 욕구가 들면 아이들은 스스로 연장을 찾고 기술을 연마해 배를 만들 것입니다."

가장 좋은 선택은 내가 좋아하는 직업을 선택해 재미있게, 열심히 일해 보람을 찾는 것이다. 하지만 모든 사람들이 자신이 원하는 직업을 갖는 것은 아니다. 처음에는 원치 않았던 직업을 갖고 살아가는 경우가 사실은 더 많다. 가정 형편 때문에 또는 재능이나 운이 부족해 직업의 관문 앞에서 좌절하는 경우도 있다. 간절히 원해 힘들게 들어간 직장인데 뒤늦게 적성이 맞지 않다는 사실을 깨닫기도 한다.

자신이 원했던 직업을 갖고 사는 것은 큰 성취이고 행운이다. 그러나 차선책으로 택한 직업에서 보람을 만들어 내는 사람들도 분명 승리자다. 인생에서 성공이나 행복을 재는 잣대는 없으며 비교할 대상도 없다.

승자는 자신과의 싸움에서 이길 수 있는 끈기와 용기를 가진 사람뿐이다. 인생도, 직업도 결국은 자신을 항상 일깨워 가는 자기와의 싸움이다.

Tip1 어떻게 치과 의사가 되나?

6년제 치과 대학에서 전공을 한 뒤 한국보건의료인 국가시험원이 주관하는 치과 의사 국가 자격 시험에 합격해 면허를 취득해야 한다. 치의학 전문 대학원 시스템은 향후 폐지 방침이어서 치과 의사 희망자는 치과 대학 진학이 필요하다. 치과 의사 면허 취득 후 다시 일반 수련(인턴) 1년, 전문 수련(레지던트) 3년 등 모두 4년의 수련의 과정을 거쳐 전문의 자격 시험에 합격하면 전문의가 된다.

전문 치과의는 치아 교정과와 소아 치과, 구강 외과, 보철과, 치주과, 구강 진단과 등으로 나뉜다. 일반 치과 의사들은 통상적인 치과 질환을 치료하고 전문의는 특정 과목의 진료를 중점적으로 진료한다. 가령 잇몸 치료와 간단한 발치 등은 모든 치과 의사들이 진료하지만 임플란트나 특별한 수술은 전문의가 맡는 식이다.

관련 기관: 한국보건의료인 국가시험원(www.kuksiwon.or.kr), 대한치과 의사협회(www.kda.or.kr), 건강사회를 위한 치과 의사회(www.gunchi.org)

Tip2 연봉은?

한국직업능력개발원의 '산업 직업별 고용 구조 조사'에 의하면 치과 의사는 10,481명이며, 이 중 여성의 비율은 24.4퍼센트이다. 학력 분포를 보면 대졸이 37.4퍼센트, 석사 이상이 62.6퍼센트를 차지하고 있고, 전체 치과 의사들의 공식적인 월 평균 임금은 656만 원으로 조사되었다. 그러나 개업한 치과 의사와 병원에 속한 의사 사이에는 임금 차이가 크다.

Tip3 10년 뒤 직업 전망

생활 수준이 높아지고 평균 수명이 길어지면서 치아 관리 수요가 더 커질 것으로 전망된다. 국가가 국민 기초 생활 보장 수급자 노인을 대상으로 의치 보철 사업을 지원해 주고,

일반인의 치아 교정 수요도 많아지고 있다. 따라서 치과 의사의 수요는 크게 늘어날 전망이다. 다만 치과들의 경쟁이 치열해지면서 진료뿐 아니라 경영 능력도 강조되는 추세이다.

이곳은 한미 정상 회담 직후 기자 회견이 마련된 한 호텔이다. 실무 협상에 임했던 김효은 외교관이 배석한 가운데 정부의 브리핑이 시작됐다. 류지예 통역사가 통역을 맡고, 세계 각국에서 온 기자단 사이에 최상훈 기자도 앉아 노트북을 두드린다. 이영재 호텔 총지배인은 부족한 점이 없는지 시설물을 둘러본다. 조수빈 아나운서는 현장에 마련된 뉴스 스튜디오에서 역사적 상황을 생중계하고, 박정훈 피디는 생중계가 제대로 진행되는지 신경을 곤두세우고 지켜본다. 미국 기자단은 맹명호 기장이 조종하고 조승자 스튜어디스가 서비스하는 항공기를 타고 왔다.

이 이야기는 물론 가상의 상황이다. 이 책에서 소개한 등장인물들을 만나 인터뷰하면서 상상해 본 장면이다. 이 세상은 여러 직업을 가진 사람들이 매일 정해진 위치에서 각자의 역할을 하면서 굴러간다. 실제로 이와 같은 역사적인 순간에 당신이라면 어떤 역할을 맡고 싶은가.

자신의 직업에서 큰 성취를 이룬 사람들에게는 나름의 '성공 공식'이 있다. 첫째, 자신이 좋아하는 일을 선택했다는 것, 둘째, 꾸준히 그리고 성실한 자세로 일한다는 것, 셋째, 겸손한 태도를 잃지 않는다는 것, 넷째 자기 분야에서 재능과 자질을 갖추고 있다는 것 등이다.

캐나다의 진로 개발 교육 기관인 NLWC(the National Life Work Centre)가 제시한 진로 개발 원칙을 참고하고 이 책에서 소개했거나 개인적으로 만나 본 사람들의 조언을 담아 '직업 선택의 원칙'을 정리해 보았다.

직업 선택의 원칙

1. 당신의 마음을 따르라.

자신의 자질과 흥미를 고려해서 직업을 선택하라. 자신의 마음에 따르는 것은 직업 선택 시 가장 중요한 원칙이다. 일정 수준의 연봉과 전문성 같은 조건만 충족된다면 직업에서의 성공은 자신이 그 직업을 얼마나 좋아하느냐, 혹은 그 직업이 자신과 얼마나 잘 맞느냐하는 것에 달려 있다.

2. 생애 여정에 초점을 맞춰라.

자신의 직업에서 성공을 거둔 사람들은 '열정을 오랫동안 실천하는 능력', 즉 끈기가 있었다. 어떤 일을 오래 하기 위해서는 처음부터 평생 할 수 있을 만한 일을 찾아야 한다. 이런 직종은 대부분 전문직이나 이른바 인기 직종이 많다. 이와 같은 인기 직종은 적어도 한 번 이상 치열한 경쟁을 거쳐야 하는데 경쟁 시점은 대학 입학이 될 수도 있고 고시 통과가 될 수도 있고 채용 관문이 될 수도 있다.

3. 당신의 협력자에게 접근하라.

진로를 선택할 때에는 혼자 결정하는 것보다 주변의 조언을 구하는 게 좋다. 가족, 친구, 선생님, 선배 등은 선택의 상황에서 결정적 도움을 줄 수 있다. 이 책에서 소개한 김효은 외교관은 외무 고시를 준비하면서 가족, 친구, 교수님께 공부한다는 사실을 알렸고, 조수빈 아나운서도 전직 앵커들을 만나 진로에 대한 조언을 구했다. 공무원이었던 도광록 씨는 선배의 조언으로 세무사 시험에 도전했다는 사실을 기억하라.

4. 변화는 계속된다.

반드시 한 가지 목표에만 집착할 필요는 없다. 길이 아니면 돌아서 갈수도 있고 기회는 또다시 온다. 또 직업 가운데에는 입문 과정에서 변화가 생기는 경우도 있다. 법학계는 전문 대학원이 도입됐고, 외무 고시와 사법 고시는 조만간 폐지되고 새로운 선발 기준이 도입된다. 뿐만 아니라 많은 사람들이 더 이상 하나의 직업으로 한평생 살아가지는 않기 때문에, 변화에 대한 적응력이 필요하다.

5. 학습은 평생 하는 것이다.

세상이 계속 변하는 만큼 학습도 '현재 진행형'이 돼야 한다. 학교를 졸업하고 직장을 구했다고 공부가 끝나는 것이 아니다. 학습 기회는 어디에나 있고 변화에 적응하기 위해서는 '평생 학습'이 필요하다. 실제로도 많은 사람들이 직업을 가진 이후에도 직무와 관련된 공부나 전직을 위한 공부를 계속하고 있다.

6. 빨리 선택할수록 좋지만 직업에 따라 다르다.

법조인이나 의사처럼 몇 년 동안 자격증 시험을 준비해야 하는 직업의 경우라면 선택 시점이 빠를수록 좋지만 대부분의 직업은 중도에 다른 길로 변경하는 일이 쉽지 않기 때문에 신중한 결정도 중요하다. 이 책에서 소개한 것처럼 외교관은 나이 제한이 있기 때문에 되도록 어린 시절에 준비하는 것이 좋다.

반면 경륜이 중시되는 작가와 정치인은 나이에 제한을 받지 않는다. 특히 정치인은 다른 직종에서 뛰어난 경력을 쌓은 뒤 40대와 50대 이후 정계에 입문하는 경우가 일반적이다.

7. 선진국의 상황을 참고하라.

요즘 우리나라에서 뜨는 친환경 관련 산업들은 선진국에서는 이미 10년 전에 시작된 것들이다. 기업의 경영자들은 정기적으로 일본이나 미국 같은 선진국의 산업 흐름을 둘러보고 미래를 예측한다고 한다.

유망한 직업을 알아보기 위해서는 선진국의 상황을 살펴보는 것이 도움이 된다. '10년 후 유망 직업'으로 언론에 최근 보도된 연료 전지 연구자, 국제 경기 중계권 딜러, 말 간호사, 어류 치료사 등도 생소해 보이지만 선진국에서는 이미 주목받고 있는 직업들이다.

8. 통계를 보라.

통계 속에도 직업의 흥망성쇠가 숨어 있다. 인구가 감소하면서 교사나 산부인과 의사의 고용은 줄어들 것으로 예상된다. 반면 노인 인구 증가로 인해 실버 산업과 관련된 직업들, 가령 노인 정책 공무원, 사회복지사, 트로트 가요 작곡자, 고령자 직업 상담사, 고령자 연애 상담사 등은 늘어날 것으로 전망된다.

9. 그 분야에 종사하고 있는 선배들의 조언을 구하라.

미국에서는 관심이 있는 직업에 종사하는 사람들을 그림자처럼 따라다니면서 체험해 보는 '직업 체험(Job shadowing)' 활동이 보편화돼 있다. 자신의 관심 분야에서 일하는 사람들을 만나 보는 것은 큰 도움이 된다.

실제로 필자는 이 책에서 소개한 사람들을 인터뷰할 때 진로 선택을 앞둔 학생들과 동행하기도 했다.

텔레비전과 컴퓨터에 빠져 있던 고등학교 3학년 조카는 피디를 만난 뒤 휴대 전화도 반납하고 공부에 몰두해 주위를 어리둥절하게 만들었다.

"피디가 되고 싶다면 너의 자질이 피디와 맞는지 알아봐. 동시에 고등학생인 네가 '바로 지금' 해야 하는 가장 중요한 일은 100배 더 열심히 공부해 기본적인 상식을 쌓는 거야." 라는 조언을 들은 직후였다.

초등학교 5학년인 필자의 딸은 변호사와 공인 회계사를 만나는 자리에 동행했다. 딸의 장래 희망은 몇 년째 교사였는데 변호사가 추가됐다.

대학교 4학년인 조카는 최상훈 기자와 박지은 작가를 만나는 인터뷰에 동행했다. 조카가 글쓰기를 좋아해 데려갔는데 조카는 뜻밖에도 "지방 대학 출신으로 최고가 된 이들을 보면서 학력 컴플렉스를 극복했다."고 털어놓았다.

마지막으로 진로 상담 교사들이 자주 하는 말을 덧붙인다.

"학생들이 학교 성적을 넘어서는 장기 목표에 집중할 때, 시간 관리를 더 잘하고, 더 나은 성과를 만들어 냅니다. 장기 목표는 결국 꿈이죠."

| 감사의 말 |

이 책을 쓰면서 다시 고 3 수험생으로 돌아가는 듯했다. 3년 동안 휴가철에는 각종 직업에 종사하고 있는 사람들을 만나 인터뷰를 하고, 원고를 쓰기 위해 새벽 다섯 시에 일어나기도 했다.

'가볍게 읽힐 수 있는 책'을 쓰자며 시작했지만 한 권의 책이 태어나는 과정은 가볍지 않았다. '글쓰기로 먹고사는 기자이니 프로답게 쓰라.'는 주변의 조언은 부담을 주기에 충분했다.

그럼에도 원고를 마칠 수 있었던 것은 가족들의 지원 덕분이다. 내가 책을 쓰는 데 적극적으로 지지해 주고 도와준 남편 권기석 씨와 딸 지헌이, 아들 준현이, 열정을 가르쳐 주시고 양육을 도와주시는 어머니 박옥남 여사, 덩달아 주말 부부가 되신 아버지 이계옥 선생, 여러 가지로 소홀한 며느리를 챙겨 주시는 시부모님께도 감사 인사를 보낸다.

프롤로그에서 소개한 것처럼 집필 동기가 됐던 동생 영주와 첫 조카 아진이는 집필 과정에서 많은 아이디어를 줬고 이봉희, 이성희, 이태주, 이영숙 등 현직 교사인 다른 언니들의 지지도 큰 힘이 됐다. 설문 조사를 도와준 대학 동기 배민경 선생님을 비롯한 고등학교 선생님들과 성심껏 조사에 응해 준 울산여고와 중앙고 학생들에게도 감사를 표한다. 책을 쓸 수 있도록 배려해 준 울산방송 선배와 동료들에게도 도움을 받았다. 마지막으로 바쁜 시간을 내 주고 솔직하게 내면을 보여 준 열여덟 명의 주인공들과 이밖에도 직업에 대해 조언해 준 분들께 감사드린다.

너의 꿈에는 한계가 없다

1판 1쇄 펴냄 2011년 5월 17일
1판 18쇄 펴냄 2022년 9월 5일

지은이 | 이영남
발행인 | 박근섭
펴낸곳 | ㈜민음인

출판등록 | 2009. 10. 8 (제2009-000273호)
주소 | 06027 서울 강남구 도산대로 1길 62 강남출판문화센터 5층
전화 | **영업부** 515-2000 **편집부** 3446-8774 **팩시밀리** 515-2007
홈페이지 | minumin.minumsa.com

도서 파본 등의 이유로 반송이 필요할 경우에는 구매처에서 교환하시고
출판사 교환이 필요할 경우에는 아래 주소로 반송 사유를 적어 도서와 함께 보내주세요.
06027 서울 강남구 도산대로 1길 62 강남출판문화센터 6층 민음인 마케팅부

ⓒ 이영남, 2011. Printed in Seoul, Korea

ISBN 978-89-94210-85-8 03320

㈜민음인은 민음사 출판 그룹의 자회사입니다.